Doreen Virtue
Feen Notruf

Doreen Virtue

Feen Notruf

Wie uns die Feen und
Naturgeister helfen können

Aus dem Amerikanischen übersetzt
von Angelika Hansen

Allegria

Die Originalausgabe erschien 2007 unter dem Titel
FAIRIES 101
im Verlag Hay House, Inc., Carlsbad, CA, USA

Allegria ist ein Verlag der Ullstein Buchverlage GmbH
Herausgeber: Michael Görden

ISBN: 978-3-7934-2122-1

Übersetzung: Angelika Hansen
Umschlaggestaltung: FranklDesign, München
Titelabbildung: Howard David Johnson
Illustrationen: © 2001 – 2006 Howard David Johnson
www.howarddavidjohnson.com
Gesetzt aus der Baskerville
Satz: Keller & Keller GbR
Druck und Bindearbeiten: CPI - Clausen & Bosse, Leck
Printed in Germany

Inhalt

Einführung

Ich glaube an Feen – ohne den geringsten Zweifel

Falls Sie an Feen glauben, sind Sie nicht allein. Bei meinen Reisen rund um die Welt treffe ich immer wieder auf Menschen, die mir von ihren Begegnungen mit dem wundersamen Reich der Feen berichten. Sie haben zärtliche Erinnerungen an Erlebnisse in ihrer Kindheit, wo sie mit den Feen Kontakt hatten, und manche unterhalten sich sogar noch als Erwachsene mit diesen Wesen (was die meisten von ihnen mir nur hinter vorgehaltener Hand gestehen).

Ich weiß jedenfalls, dass *ich* an Feen glaube … und wie steht es mit Ihnen? Als kleines Mädchen habe ich viele Stunden damit zugebracht, mir Bilder von Feen anzuschauen, wobei mich ein zärtliches Gefühl des Wiedererkennens überkam und mir diese Wesen sehr vertraut erschienen. Obgleich ich schon als Kind Engel und Verstorbene sehen konnte, habe ich meine erste Fee erst als Erwachsene zu Gesicht bekommen. Seit jenem Tag habe ich eine segensreiche und liebevolle Beziehung zu diesen Wesen aufgebaut. Ich habe enormen Respekt vor ihrer Mission, die darin besteht, die Umwelt und Tiere zu schützen und uns daran zu erinnern, wie wichtig es ist, verspielt zu sein.

Obwohl Studien beweisen, dass die meisten Menschen davon überzeugt sind, dass es wirklich Engel gibt, glauben weit weniger an die Existenz von Feen. In vielen Buchläden gibt es ganze Regalreihen voller Engelliteratur, während Bücher über Feen in die Abteilung »Mythologie« verbannt werden. Vielleicht liegt es daran, dass Feen, anders als Engel, sich nur denen zu erkennen geben, die an ihre Existenz glauben.

Ich habe festgestellt, dass Menschen in England und Australien mehr an Feen glauben als Menschen in anderen Ländern. Diese beiden Länder sind auch die Gegenden, wo ich die meisten Feenvölker vorgefunden habe. Gibt es dort also mehr Feen, weil die Menschen an sie glauben? Oder glauben die Menschen an sie, weil es dort mehr Feen gibt?

Weitere Gegenden auf der Erde, wo eine starke Affinität der Bevölkerung zu den Feen zu beobachten ist, sind New York State, Hawaii, Island und Ontario in Kanada. In der Tat erhalte ich mehr Feengeschichten von Lesern aus Ontario als aus jedem anderen Teil der Welt!

Denjenigen, die an die Existenz der Feen glauben, wird ihre wundervolle Hilfe zuteil, wie Sie in diesem Buch lesen werden. Feen helfen uns, unsere materiellen Bedürfnisse zu erfüllen, wie beispielsweise ein Haus zu mieten, zu kaufen oder zu verkaufen. Außerdem verschaffen sie uns Jobs und Geld. Auch unseren Gärten und Haustieren helfen Feen auf erstaunliche Weise, und ganz besonders glücklich sind sie, wenn sie ihre Fürsorge und Liebe für die Umwelt und die Tiere mit uns teilen können.

Engel und Feen sind beide von Gott geschaffene Wesen mit wichtigen Aufgaben, die den Menschen auf entscheidende Weise helfen. Erzengel und Schutzengel stehen uns auf unserem spirituellen Weg mit Schutz und Hilfe zur Seite. Feen sind die Hüter der Natur und der Tiere.

Je mehr Menschen an Feen glauben, desto mehr Macht haben sie. Diese Macht erlaubt ihnen, die Erde, die Luft und das Wasser zu reinigen.

Bitte sprechen Sie mit mir gemeinsam den unsterblichen Satz von Peter Pan: »Ich glaube an die Feen – oh ja, oh ja, oh ja!« Diese Worte brachten Tinkerbell (dtsch.: Glöckchen) ins Leben zurück, und genauso können sie den Feen überall auf der Welt mehr Lebenskraft und Energie zurückgeben.

Doreen Virtue

Erstes Kapitel

Wer sind die Feen?

»Jeder Grashalm hat einen Engel,
der sich über ihn beugt und sagt:
Wachse, wachse!«

Der Talmud (alter jüdischer Text)

Die Engel, auf die sich der Talmud bezieht, sind die »Naturengel«. Jeder von ihnen hat eine spezielle Aufgabe, und Naturengel wachen über die Umwelt und die Tiere. Da die Natur aus den Grundelementen Erde, Wasser, Luft und Feuer besteht, entstammen die Naturengel der »Ebene der Elementarwesen«. Es gibt diverse Arten von Elementarwesen, die sich durch die Aufgabe, auf die sie spezialisiert sind, voneinander unterscheiden. Die Elementarwesen, auf die wir uns in diesem Buch vorrangig konzentrieren wollen, sind die Feen.

Feen sind Engel, die sehr nah an der Erde leben, damit sie ihre göttliche Mission zum Schutz der Natur und Tiere erfüllen können. Manche Feen haben Flügel ähnlich wie eine Libelle, während andere mit Schmetterlingsflügeln ausgestattet sind, im Gegensatz zu den Vogelschwingen aus Federn, die wir von den Erzengeln und Schutzengeln her kennen.

Doch anders als Schutz- oder Erzengel haben Feen ein Ego. Aus diesem Grund sind sie dem Menschen insofern ähnlich, als dass sie sich ein Urteil bilden. Wenn Sie einer Fee begegnen, beurteilt sie Sie danach, wie Sie mit der Umwelt und den Tieren umgehen.

Feen erwarten nicht, dass jeder perfekt ist. Wenn Sie jedoch Ihr Bestes geben, indem Sie Wertstoffe recyceln, umweltschonende Reinigungsmittel verwenden, tierfreundlich sind und Ähnliches, dann werden die Feen Ihnen größte Hochachtung entgegenbringen und Ihnen Wünsche erfüllen. Falls die Feen jedoch merken, dass Sie sich der Umwelt und den Tieren gegenüber rücksichtslos verhalten, ist es durchaus möglich, dass sie Ihnen einen Streich spielen. Das ist der Grund, warum sie den Ruf haben, hinterhältige oder sogar böswillige Geschöpfe zu sein.

Feen sind unter verschiedenen Namen bekannt. Doch egal wie sie genannt werden oder wie Sie ihre Namen aussprechen, wollen die Feen Ihnen von ganzem Herzen helfen, ein glücklicheres und erfolgreicheres Leben zu führen. Da sie der Erde so nahe sind, können die Feen Ihnen bei materiellen Dingen helfen, die zum Beispiel mit Geld, Ihrem Zuhause, Ihrer Gesundheit, Ihrem Garten und Ihren Haustieren zusammenhängen.

Haben Sie damals als Kind Feen gesehen? Viele Kinder sehen sie. Die Feen werden sich Kindern, deren Geist noch offen ist und die reinen Herzens sind, eher zeigen als einem Erwachsenen (es sei denn, er hat ebenfalls ein reines und offenes Herz). Darüber hinaus lieben die Feen es, Kindern auf vielfältige Weise zu helfen, wie Sie während der Lektüre dieses Buches erfahren werden.

Feen erinnern uns daran, die Dinge leichter zu nehmen, zu spielen und uns mehr des Lebens zu freuen. Sie lieben Feste, Musik und Tanz. Außerdem lieben sie alles Süße, und von manchen Elementarwesen ist bekannt, dass sie dem Alkohol nicht abgeneigt sind. Doch trotz ihrer Fröhlichkeit und Unbeschwertheit kommen sie stets ihren Pflichten nach – etwas, das wir alle von ihnen lernen können.

Die Feen erinnern uns daran, dass

- das Leben Freude und Vergnügen ist.
- die Natur unseren Respekt nötig hat und verdient.
- die Tiere unsere Brüder und Schwestern sind.
- alles lebt.
- Spielen sehr wichtig ist.
- Sie alles auf magische Wese manifestieren können, was Sie brauchen (vor allem mit ihrer Hilfe).

Zweites Kapitel

Heim, Beruf und andere Geschenke der Feen

Um Verbindung mit den Feen aufzunehmen, gehen Sie am besten nach draußen. Hier leben sie. Die Feen lieben Blumen, Bäume, Sträucher und Gewässer. Sie lieben naturnahe Gärten, die frei von Pestiziden sind. Wie Sie auf den folgenden Seiten erfahren werden, können die Feen Ihnen bei der Pflege Ihres Gartens helfen und Ihnen zeigen, wie Sie ohne Einsatz von Pestiziden ein blühendes Paradies erschaffen können!

Sobald Sie draußen sind, sagen Sie den Feen, dass Sie sie treffen möchten. Das können Sie leise oder laut tun oder indem Sie ihnen ein Geschenk darbieten. Die Feen hören Ihre Gedanken, und sie lieben Geschenke. Ganz besonders lieben sie Bonbons (natürlich ausgepackt) und glitzernde Gegenstände wie zum Beispiel Kristalle.

Die Feen werden Ihre Aura abtasten, um zu erfassen, wie Sie die Umwelt und die Tiere behandeln. Wenn Sie diese Prüfung bestehen, werden sie Ihnen eine Aufgabe stellen, die Sie als Gedanke oder Gefühl empfangen. Normalerweise werden die Feen Sie bitten, in der Natur herumliegende Abfälle aufzusammeln und zu beseitigen. Wenn Sie ihrer Aufforderung nachkommen, werden die Feen Ihnen mit Freuden bei allem helfen, um was Sie sie bitten, wie Lisa Grubb feststellen konnte:

Lisa ärgerte sich über den Abfall, der ihren Lieblingscampingplatz verunstaltete. Gerade erst angekommen, freute sie sich auf ein paar Tage Campingurlaub und machte sich daran, Brennholz zu sammeln. Doch statt Brennholz fand sie nur Müll, der überall auf dem Erdboden verstreut lag.

Also begann Lisa, das Gelände aufzuräumen. Mit jedem Stück Müll, das sie aufhob, segnete sie das Land und vergab den Menschen, die ihn so achtlos weggeworfen hatten. Schließlich hatte sie sechs Plastiktüten voll Müll gesammelt, doch noch immer kein Brennholz fürs Lagerfeuer gefunden. Es gab noch nicht einmal irgendwelche verkohlten Scheite, die von alten Feuerstätten übrig geblieben waren.

Lisa beschloss daher, in einem Laden in der Nähe ein wenig Holz zu kaufen. Also schnappte sie sich ihre Tüten mit dem gesammelten Müll und machte sich auf den Weg hinunter in den Ort. Sie entsorgte die Plastiktüten in den großen Müllcontainern neben dem Supermarkt, musste jedoch feststellen, dass es keinen einzigen Laden gab, der Brennholz verkaufte.

Sie fuhr zum Campingplatz zurück und dachte, dass sie später bestimmt ein wenig Holz finden oder sich in der Nacht einfach fester in ihren Schlafsack einwickeln sollte. Als sie bei ihrem Zelt ankam, war Lisa verblüfft, einen großen Stoß Brennholz vorzufinden, und dazu noch fein säuberlich aufgeschichtet. Sie war nicht länger als eine Viertelstunde fort gewesen, und es war niemand anderes in der Nähe. Wo war das Holz nur hergekommen?

Während der nächsten Woche kam niemand, um das Holz zu holen. Spätestens jetzt wusste Lisa mit Gewissheit, dass es das Werk der Feen war, die ihr alles zur Verfügung gestellt hatten, was sie für ihren schönen Rückzug in die Natur brauchte, und dass sie auf diese Weise für ihren aufopfernden Einsatz belohnt worden war.

Ich unterhielt mich mit Lisa, nachdem sie mir diese Geschichte geschickt hatte, und erfuhr von ihr, dass sie schon seit frühester Kindheit mit den Feen spricht. Sie ist sehr umweltbewusst und tut alles, was in ihrer Macht steht, um die Umwelt besser zu schützen. Sie sagt, dass die Feen ihr immer helfen als Dank für die Liebe und den Respekt, den sie der Natur entgegenbringt.

Wie Lisa ist auch Priscilla Palmer von den Feen dafür belohnt worden, dass sie in der Natur Müll aufgesammelt hat. Die Geschenke der Feen sind meistens Gegenstände, die die Erde hervorgebracht hat, wie Lisas Brennholz und Priscillas Kristall:

Als Priscilla am Strand von Laguna Beach in Kalifornien spazieren ging, traf sie auf eine kleine Bucht, wo überall leere Wasserflaschen, Pappkartons, Zigarettenstummel, Styroporbecher und andere Plastikgegenstände verstreut lagen. Sie hörte, wie die Feen sie dringend baten, den Müll einzusammeln. Da sie keine Tüte dabeihatte, um den Abfall hineinzutun, versprach Priscilla, später wiederzukommen und alles wegzuräumen.

Sosehr sie ihr Versprechen auch halten wollte, ekelte sie sich doch vor dem Gedanken, fremden Müll aufzuheben und mit den Bakterien anderer Leute in Berührung zu kommen. Am nächsten Tag hörte sie während ihrer Meditation, wie ihr die Feen vorhielten: »Du hast uns versprochen, den Müll im Moss Cove einzusammeln. Wirst du dein

Versprechen halten?« Bevor sie einen Gedanken daran verschwendete, mit sich selbst oder den Feen zu hadern, packte sie schnell ein paar Müllsäcke ein und kehrte zu der kleinen Bucht zurück.

Priscilla sammelte den ganzen Abfall ein, den sie leicht erreichen konnte. Dann entdeckte sie eine leere Wasserflasche auf der Anhöhe vor ihr. Sie musste aufpassen, nicht fehlzutreten bei dem Versuch, an die Flasche heranzukommen. Als sie sie hochnahm, fand sie darunter einen wunderschönen Kristallquarz! Das war ein Geschenk der Feen als Gegenleistung dafür, dass sie ihr Versprechen gehalten hatte!

Als Priscilla den Kristall in die Hand nahm, konnte sie die heilsame Energie des Meeres und der Erde in seinem Inneren spüren. Sie drückte den Stein an ihr Herz und dankte den Feen für ihre Freundlichkeit, woraufhin sie die Worte vernahm: »Wir danken *dir* für deine Freundlichkeit!«

Sie sehen, Feen halten überraschend Geschenke bereit, um uns ihre Dankbarkeit auszudrücken, wenn wir uns liebevoll um Mutter Erde kümmern. Doch wenn Sie der Umwelt und den Tieren generell Respekt entgegenbringen, werden die Feen Ihnen helfen, wann immer Sie darum bitten. Es ist nicht nötig, dass Sie unmittelbar vorher etwas für

die Umwelt getan haben, um ein Geschenk der Feen erbitten zu können. Sie werden Ihnen helfen, sobald Sie sie fragen, vorausgesetzt, Sie tun regelmäßig etwas Gutes für die Welt.

Feen besitzen eine besondere Gabe der Manifestation, was bedeutet, dass sie wissen, wie sie Träume zum Leben erwecken und dafür sorgen können, dass sie Realität werden. Sie erinnern uns daran, wie wichtig es ist, an unseren Wünschen festzuhalten und darauf zu vertrauen, dass sie sich erfüllen.

Lisa Center hat viel Hilfe von den Feen erfahren, als sie dabei war, ihr Leben positiv zu verändern. Sie war über längere Zeit arbeitslos gewesen und hatte ein Zimmer in der Wohnung einer Freundin untergemietet, während ihre Kinder woanders wohnen mussten. Lisa wollte unbedingt bis Weihnachten für sich und ihre Kinder ein eigenes, neues Zuhause schaffen. Außerdem wollte sie nicht länger als Sozialarbeiterin beschäftigt sein, sondern träumte von einer Tätigkeit im Bereich der alternativen Heilmedizin.

Lisa erinnert sich: »Ich habe mich so oft wie möglich in der freien Natur aufgehalten und jeden Tag nach einem neuen Job Ausschau gehalten. Ich träumte davon, wieder mit meinen Kindern zusammenzuleben. Ich stellte mir vor, wie wir Weihnachten gemeinsam in unserem neuen Haus feiern und es festlich schmücken, damit es so aussähe, als ob der Weihnachtsmann selbst darin wohnen würde.«

Eines Morgens fühlte sich Lisa während ihrer Meditation dazu angeleitet, einen Zeichenblock zu suchen. Sie entschied sich für ein rosa Blatt Papier und begann zu zeichnen, ohne zu wissen, was dabei herauskommen würde. Sie sagte: »Während ich zeichnete, konnte ich ein leises Flüstern im Ohr hören: ›Nein, längere Haare. Und die Ohren müssen eher so aussehen. Ja, so ist es genau richtig.‹«

Schließlich fragte Lisa, was sie denn überhaupt zeichnete. Die Stimme antwortete: »Nicht *was,* sondern *wen*!« Also fragte Lisa, wen sie zeichnete. Die Stimme erwiderte: »Lilitte. Ich bin die Fee, die dir dabei helfen wird, deine Träume zu verwirklichen. Ich bin bei dir, und du kannst mich jederzeit um Hilfe bitten.«

Jedes Mal, wenn Lisas Zuversicht während der Jobsuche schwand, betrachtete sie das rosa Blatt mit dem Bildnis von Lilitte und bat um ihre Hilfe. Kurz darauf wurde Lisa ein wunderbarer Job in einem Hospiz im benachbarten Landkreis angeboten. Es war genau die Tätigkeit, von der sie immer geträumt hatte. Ihre neue Chefin erwähnte zudem, dass sie davon gehört habe, dass ein Haus in der Nähe vom Hospiz zu vermieten sei. Als Lisa das kleine Haus zum ersten Mal sah, wusste sie, dass sie ein neues Zuhause gefunden hatte. Durch den Vorgarten schlängelte sich ein kleiner Bach, und Lisa überquerte eine hölzerne Brücke, um vor dem Haus zu parken. Die meisten Räume waren in demselben rosa Farbton gestrichen wie ihr Bild von Lilitte, der Fee.

Lisas Wunsch war in Erfüllung gegangen. Gemeinsam mit ihrer Familie feierte sie Weihnachten in ihrem mit Lichtern, Girlanden und roten Schleifen geschmückten kleinen Haus am Berghang.

Lisa sagt: »Ich habe mich an diesem Weihnachtsfest so reich beschenkt gefühlt. Ich ging nach draußen, um an beiden Enden der kleinen Holzbrücke leuchtend rote Schleifen anzubringen, und lauschte auf das sanfte Rauschen des Baches unter mir. Ich betrachtete die großen Bäume um mich herum und dankte Gott für die Gunst, in den Bergen wohnen zu dürfen. Langsam kehrte ich zum Haus zurück, wo ich durch die offenen Fensterscheiben die bunten Lichter und den festlich geschmückten Weihnachtsbaum sehen konnte.

Die untergehende Sonne schien auf das leuchtend grüne Metalldach, mit dem mein rotes Haus gedeckt war. Ich vernahm ein Flüstern und wusste, dass meine Fee sich mit mir freute. Mein kleines Haus sah genauso aus wie das vom Weihnachtsmann, wie ich es mir gewünscht hatte. Auf dem Weg zurück zum Haus hörte ich das leise Sirren von Feenflügeln in meinen Ohren.«

Feen helfen bei beruflichen Angelegenheiten

Feen können nicht nur helfen, Dinge zu manifestieren, sondern können auch bei der Arbeit, in der Schule, bei Beziehungen und sonstigen Angelegenheiten helfen. Zum Beispiel wurde ich kürzlich auf einem Flughafen zur Sicherheitsdurchsuchung herausgebeten. Die Sicherheitsbeamtin führte mich zu einer kleinen Wartezone und verließ den Raum. Es waren nur noch wenige Minuten bis zum Abflug meiner Maschine, und ich betete zu den Engeln und aufgestiegenen Meistern, mir zu helfen. Das Warten dauerte fort.

Schließlich schloss ich die Augen und flehte: »Feen und Feenköniginnen! Bitte helft mir, von dieser Wartezone wegzukommen, schnell und problemlos durchsucht zu werden und noch rechtzeitig meine Maschine zu erreichen.« Sobald ich meine Augen geöffnet hatte, kam eine Sicherheitsbeamtin, um mich zu erlösen. Sie tastete mich nur kurz ab und öffnete nicht einmal mein Gepäck. Ich dankte den Feen für ihre schnelle, perfekte und sehr wirkungsvolle Hilfe.

Emily Beevers aus England hingegen bat die Feen, ihr dabei zu helfen, in der Suchtberatung arbeiten zu können, etwas, was sie sich sehnlich wünschte:

Emily ging zum örtlichen Drogen- und Alkohol-Entwöhnungszentrum, um sich nach einer unbezahlten Tätigkeit zu erkundigen. Obwohl der Direktor Emilys Vater kannte, konnte er ihr keine passende Stelle anbieten, da alle besetzt waren.

Als sie nach Hause kam, befragte Emily ihre Orakelkarten *Die Heilkraft der Feen.* Sie erhielt die Botschaft, dass ihr Wunsch sich bald erfüllen würde, wenn sie sich nur etwas gedulden könne.

Emily fühlte sich dazu angeleitet, Kontakt mit einer alten Freundin aufzunehmen, die sie längere Zeit nicht gesehen hatte. Als sie ihr von der Jobsuche erzählte, holte die Freundin ein Zeitungsinserat hervor, das ihr gerade an diesem Morgen aufgefallen war. Es ging um eine bezahlte Stelle in einem anderen Entwöhnungszentrum.

Emily bewarb sich umgehend und wurde sofort eingestellt. Sie sagt: »Ich könnte nicht glücklicher sein!« Sie ist sicher, dass die Feen sie zu ihrem Traumberuf geführt haben, und ist ihnen zutiefst dankbar.

Die Feen helfen uns nicht nur, unsere Träume zu verwirklichen, sondern sie helfen uns auch, genau zu bestimmen, was unsere Träume *sind*. Manche Menschen bitten deshalb nicht um himmlische Unterstützung, weil sie nicht wissen, was sie wollen, oder weil sie Angst haben, um das »Falsche« zu bitten. Mary Diane Hausman entdeckte, dass sie sich zwecks Führung an ihre Feen wenden und ihre Hilfe erhalten konnte, indem sie dieser Führung folgte:

Mary Diane nahm während eines Wochenendseminars, das ich mit meinem Mann in New York State gab – einer Gegend, in der viele Elementarwesen anzutreffen sind –, Kontakt mit den Feen auf.

Sie kehrte beschwingt und inspiriert vom Seminar nach Hause zurück mit der Absicht, ihre wahre Lebensaufgabe zu finden. Ernüchtert von ihrer zwanzigjährigen Tätigkeit in der vom Konkurrenzkampf geprägten Geschäftswelt hatte sich Mary den Kopf darüber zerbrochen, wie sie einen sinnvolleren Beruf finden und sich von ihrem bisherigen Berufsumfeld lösen konnte. Doch nichts fühlte sich richtig an, und es kam für sie nicht in Frage, ihren Job ohne die Sicherheit eines neuen Berufs zu kündigen, auf den sie zurückgreifen konnte.

Eines Tages, als sie in der Mittagspause einen kleinen Spaziergang machte, hörte Mary eine Stimme, die sie aufforderte, in einen Kioskladen zu gehen und einen Lottoschein zu kaufen. Sie erinnert sich: »Diese Stimme war nicht die meiner eigenen inneren Führung. Es war vielmehr eine deutliche, richtige Stimme, die ich in meinem Kopf hören konnte. Ich wusste ohne jeden Zweifel, dass es die Stimme einer Fee war, die zu mir sprach.«

Als Mary den Laden betrat, wies die Stimme sie an: »Frag nach den Losen mit den Kobold-Rubbelzahlen.« Und tatsächlich, auf dem Tresen stand ein kleiner goldfarbener Topf, auf dem Kobolde abgebildet waren! Sie kaufte mehrere dieser Lose und verließ den Laden. Bevor sie die Zahlen aufrubbelte, ließ sich die Stimme erneut sehr deutlich vernehmen: »Finde etwas über Pferdemassage heraus.« Mary hatte noch nie von Pferdemassage gehört und war sich nicht sicher, ob es so etwas überhaupt gab.

Obwohl sie kein Geld mit ihren Lottoscheinen gewann, erkannte Mary, dass die Kobolde und Feen ihre Gebete auf eine viel wertvollere Weise erhört hatten. Sie hatten Marys Aufmerksamkeit dermaßen geweckt, dass sie ihre Führung hinsichtlich Pferdemassage vernehmen konnte.

Mary sagt: »Ich liebe Pferde und habe immer davon geträumt, etwas mit ihnen zu tun zu haben. Doch ist mir nie in den Sinn gekommen, ich könnte einen Weg finden, das Zusammensein mit ihnen zu einem Beruf zu machen.«

Als sie den Begriff Pferdemassage in die Internetsuchmaschine eingab, erschloss sich Mary eine völlig neue Welt. Und im Herbst 2005 erhielt sie ihr Diplom als ausgebildete Pferdesport-Massagetherapeutin.

Sie erklärt: »Meine Methode wirkt viel tiefer als eine herkömmliche Pferdemassage. Gleichzeitig werde ich auf diesem Weg neben der Heilung der Pferde und anderer Menschen auch zu meiner eigenen Heilung geführt. Mein Leben hat aufgrund der Botschaft der Feen eine völlig neue Ausprägung bekommen. Ich bin fest davon überzeugt, dass es die Feen waren, die an jenem Junitag zu mir gesprochen haben. Ich war mir all die Jahre noch nie so sicher, dass ich eine göttliche Botschaft erhalten und mir ein neuer Weg gewiesen worden ist, wie in diesem Fall. Meine neue Arbeit hat mir bisher sehr viel Freude bereitet und großen inneren Frieden beschert. Und die Tatsache, dass ich der Führung der Feen gefolgt bin, ohne sie auch nur einen Moment in Frage zu stellen, ist für mich ein besonderer Ansporn, auch weiterhin auf die Stimmen der Feen zu hören, wann immer ich sie vernehme. Ihre Führung trifft immer zu. Ich zweifle niemals daran.«

Feen helfen, verlorene Gegenstände wiederzufinden

Wenn Sie Hilfe brauchen, ist es erforderlich, dass Sie wie in jeder Beziehung auch bei den Feen damit beginnen, sie um ihre Unterstützung zu bitten oder darum Ihnen einen Gefallen zu tun. Die Feen sind scheue Wesen, die ihre Identität oder ihren Aufenthaltsort nur zögernd preisgeben, es sei denn, sie haben Vertrauen zu Ihnen und spüren, dass Sie ein ehrlicher Mensch sind oder dass sie für ihre Hilfe etwas zurückbekommen. Heather R. erfuhr, dass Feen helfen können, verlorene Gegenstände wiederzufinden, wenn wir ihnen eine glitzernde Belohnung dafür versprechen:

Heather suchte überall nach einer Halskette, die sie verloren hatte, konnte sie jedoch nirgends finden. Daher beschloss sie, eine Methode auszuprobieren, von der ihr kurz zuvor eine Freundin erzählt hatte:

Sie erinnert sich: »Man legt etwas Glitzerndes wie zum Beispiel Aluminiumfolie unter ein Glas. Dann bittet man die Feen, den verlorenen Gegenstand im Austausch für das Glitzerding zurückzubringen. In diesem Fall suchte ich eine Halskette mit Anhänger in Form einer Libelle. Das Glas mit der zusammengeknüllten Aluminiumfolie stand ungefähr eine Woche lang auf meinem Küchenschrank.

Eines Tages holte ich gerade ein Paar Schuhe aus dem Schrank, und als ich sie hochhob, fiel die Kette aus einem Schuh heraus und mir direkt vor die Füße. Der letzte Rest von Zweifel, den ich hinsichtlich der Existenz von Feen gehabt hatte, schwand völlig. Ich legte die Aluminiumfolie in den Garten, um die Feen wie versprochen zu belohnen, und sie ist seitdem verschwunden!«

Feen helfen beim Hausverkauf

Nachdem wir beschlossen hatten, unser Haus zu verkaufen, sprachen wir zuerst mit den Feen in unserem Garten. Wir versicherten ihnen: »Wir versprechen euch, dieses Haus nur an eine Familie zu verkaufen, die euch achten wird.« Wir baten darum, dass liebe Menschen unser Haus kaufen und es ebenso sehr oder noch mehr lieben würden als wir. Als dann ein Grundstücksmakler einen Mann namens Merlin und dessen Frau und vier Kinder mitbrachte, damit sie das Haus besichtigen konnten, zwinkerten wir den Feen zu. Dank ihrer Hilfe hatten wir genau die richtige Familie gefunden.

Ebenso wie ich bat auch Diane Bernier die Feen um Hilfe, als sie ihr Haus verkaufen wollte:

Diane fühlte eine tiefe Verbundenheit zu den Elementarwesen in ihrem Garten sowie zu den Schmetterlingen und einem bestimmten Baumgeist. Als für sie und ihren Mann der Zeitpunkt gekommen war, umzuziehen und ihr Haus zu verkaufen, bat sie die Baumgeister, Feen und Engel, ihr einen Käufer zu schicken, der das Land lieben und gut behandeln würde. Fünf Tage später wurde das Haus an einen jungen Farmer verkauft.

Wie Sie die Feen um Hilfe bitten können

Es gibt viele Möglichkeiten, die Hilfe der Feen zu erlangen:

- Gehen Sie in die Natur hinaus und sprechen Sie mit den Feen. Tun Sie dies entweder laut oder leise, durch ein Lied oder einen geschriebenen Brief.
- Bieten Sie den Feen ein Geschenk an, wie zum Beispiel einen glitzernden Gegenstand oder eine Süßigkeit. Wenn Sie ihnen Bonbons hinlegen, achten Sie darauf, zuerst das Einwickelpapier zu entfernen. Am meisten lieben die Feen Schokolade.

- Leisten Sie einen Beitrag für die Umwelt oder die Tiere, indem Sie beispielsweise Verpackung recyceln oder fachgerecht entsorgen; nur noch umweltschonende Reinigungsmittel kaufen; weniger tierische Produkte zu sich nehmen oder ganz darauf verzichten; oder Abfall sammeln und entsorgen.
- Überzeugen Sie andere Menschen davon, dass es Feen wirklich gibt. Die Feen sind Menschen dankbar, die anderen von ihrer Existenz berichten, denn je mehr Menschen an Feen glauben, desto mehr Macht erhalten sie, um uns allen zu helfen.

Feen hören und antworten immer jedem, der den Kontakt zu ihnen sucht. Falls Sie bereits eine Beziehung gegenseitigen Vertrauens zu den Feen aufgebaut haben, werden sie Ihre Gebete sofort beantworten.

Wenn Sie noch ein Unbekannter für die Feen sind und zum ersten Mal den Kontakt zu ihnen aufnehmen, werden sie zunächst prüfen, wie gut Sie bisher mit der Umwelt und den Tieren umgegangen sind und ob Sie ein vertrauenswürdiger Mensch mit guten Absichten sind.

Wenn Sie diese Prüfung bestehen, werden Ihnen die Feen helfen. Wenn nicht, werden die Feen Ihnen eine Aufgabe stellen, die Sie durch intuitive Gefühle, Gedanken oder Worte erhalten. Zumeist hat Ihre Aufgabe damit zu tun, Müll in der freien Natur zu sammeln.

Sobald Sie das Aussiebverfahren der Feen bestanden haben, werden sie Ihnen gestatten, sie näher kennen zu lernen. Manche Menschen können die Feen sogar richtig sehen, wie Sie im nächsten Kapitel erfahren werden.

Drittes Kapitel

Heilung durch die Feen

Die Feen sind außergewöhnliche Heiler von Menschen, Tieren und Pflanzen. Da sie der Erde so nahe sind, haben sie ein natürliches Verständnis dafür, wie man das Leben auf der Erde verbessern kann. Sie kennen die Gesetzmäßigkeiten und Möglichkeiten der physischen Welt, stehen jedoch genug über ihr, um allein durch ihre Anwesenheit Zauberkunststücke und Wunder zu bewirken.

Peggy Boucharde wurde mit Hilfe einer Fee von einer ernsthaften Krankheit geheilt. Das Wesen, das Peggy unmittelbar vor ihrer Heilung mit eigenen Augen sah, war so groß wie ein kleines Kind. Feen sind von unterschiedlicher Größe, manche sind sehr winzig, andere haben die Größe eines Kindes. Peggys Fee hatte darüber hinaus durchsichtige, insektenähnliche Flügel, ein typisches Merkmal, das Feen von den

Engeln unterscheidet. Engel besitzen vogelähnliche Flügel aus Federn, während Feen Libellen- oder Schmetterlingsflügel haben.

Peggy litt unter einer Störung des Autoimmunsystems. Sie war schon seit Wochen mit einem schmerzhaften Ausschlag und Magenproblemen ans Bett gefesselt. Ihre Ärzte sagten, es gäbe nichts, was sie dagegen tun könnten.

Eines Nachmittags, als Peggy traurig mit ihrem Schicksal haderte, merkte sie, dass sich auf dem Hof vor ihrem Schlafzimmerfenster etwas bewegte. Sie hob ihren Kopf und sah ein Kind mit goldblonden Haaren, etwa drei bis vier Jahre alt, das auf der Treppe saß, die zu ihrem Schlafzimmer führte. Die Kleine hatte einen Kopfschmuck, und ihr Kleid war von einer Farbe, wie sie Peggy noch nie zuvor gesehen hatte.

Dann fiel Peggy auf, dass das kleine Kind Flügel hatte. Es waren zarte, insektenähnliche Flügel in buntschillernden Farben.

Als Peggy und das Mädchen einander anschauten, spürte Peggy, wie sie von einem Gefühl tiefen Friedens durchströmt wurde, und sie schlief ein. Als sie wieder erwachte, waren ihre Magenschmerzen verschwunden. Außerdem fiel ihr plötzlich der Name einer Salbe ein, die ihre Mutter vor vielen Jahren immer bei Ausschlägen benutzt hatte. Obwohl Peggys Ehemann nicht daran glaubte, dass sie wirklich eine Fee gesehen hatte, war er erleichtert, dass Peggy sich besser fühlte. Also ging er zur Apotheke, um die Salbe zu besorgen. Nicht lange darauf war Peggy geheilt und ihr Ausschlag verschwunden.

Sie sagt: »Ich bin mir ganz sicher, dass ich an jenem Tag eine Fee gesehen habe, und dank ihres heilsamen Besuchs geht es mir heute so viel besser.«

Die Feen sind die Zaubermeister der physischen Welt, daher gibt es keinen Zustand, den sie nicht heilen könnten. Anna Waters-Massey in Australien entdeckte sogar, dass die Feen ihr helfen konnten, ihren Schluckauf loszuwerden:

Anna hatte seit jeher immer wieder unter anhaltendem Schluckauf gelitten. Sie erzählt: »Wenn ich einen Anfall von Schluckauf habe, der nicht aufhören will, geht mir das entsetzlich auf die Nerven.«

Eines Tages war Annas Schluckauf ganz besonders schlimm. Nichts schien gegen ihn zu wirken, und in der Nacht konnte sie keinen Schlaf finden. Plötzlich kam ihr der Gedanke: *Bitte die Feen um Hilfe bei deinem Schluckauf*! Also dachte Anna: *Okay, ich werde es versuchen*.

Sobald Anna die Feen gebeten hatte, sie von ihrem Schluckauf zu heilen, hörte sie in ihrem Inneren und um sich herum ein vergnügtes

Kichern. Der Schluckauf hörte sofort auf, was Anna dazu veranlasste, vor lauter Begeisterung selbst zu kichern.

Inzwischen hat Anna auch ihrer elfjährigen Tochter beigebracht, bei einem Schluckauf immer die Feen um Hilfe zu bitten. Genau wie Anna hat auch ihre Tochter seither keine Probleme mehr mit lästigem, stundenlangem Schluckauf, dank der Hilfe der Feen.

Bitten Sie die Feen auf die gleiche Art um Heilung, wie Sie sie bitten würden, einen Traum zu manifestieren. Am besten ist es, draußen in der Natur mit ihnen zu sprechen, obgleich Feen überall anzutreffen sind, wo es Pflanzen und Tiere gibt. Sie könnten sich also auch vor eine Zimmerpflanze oder Ihrem Haustier hinstellen, während Sie zu den Feen sprechen. Sie können Ihre Bitte um Hilfe leise oder laut vortragen, durch ein Lied oder in einem Brief.

Mit Hilfe der Feen andere Menschen heilen

Außerdem können Sie darum bitten, dass die Feen einem anderen Menschen helfen. Die Feen würden niemals den freien Willen eines Menschen übergehen; sie werden jedoch jedem helfen, der *offen* dafür

ist, ihre Hilfe anzunehmen. Feen sind ohne Frage gutherzig und großzügig, wie Margot Herold feststellte:

Margot hat mehrere Leute mit den Heilfähigkeiten der Feen vertraut gemacht. Zum Beispiel gab sie eine Ausgabe meines Buches *Die Heilkraft der Feen* einer Freundin, die mit dem Rauchen aufhören wollte. Die Freundin hatte schon alles ausprobiert, nur um nach schlimmen Entzugserscheinungen und bei einer Familie, die über ihre unerträglich schlechte Laune klagte, wieder mit dem Rauchen anzufangen.

Nachdem sie das Buch durchgelesen hatte, bat Margot die Feen um Hilfe für ihre Freundin. Dieses Mal hatte ihre Freundin keinerlei Entzugserscheinungen, und niemand hatte einen Grund, sich über ihre Laune zu beklagen. Wann immer sie das Verlangen nach einer Zigarette verspürte, bat sie die Feen um Hilfe. Und jedes Mal war sie in der Lage, der Versuchung zu widerstehen. Heute raucht sie überhaupt nicht mehr und kann sich nicht einmal vorstellen, jemals wieder damit anzufangen. Und das hat sie den Feen zu verdanken.

Als Nächstes half Margot ihrer einjährigen Nichte Lara, mit Hilfe der Feen gesund zu werden und die Nächte durchzuschlafen. Eines Abends rief Margots Schwester an und erzählte ihr, dass Lara krank sei und die ganze Nacht geweint und gewimmert habe. Sobald sie den Telefonhörer wieder aufgelegt hatte, stellte Margot ein Foto des kleinen Mädchens aufs Fensterbrett und legte einen Rosenquarzkristall davor. Sie bat die Feen um Hilfe und sandte ihrer Nichte Liebe.

Am nächsten Morgen rief Margots Schwester an und berichtete, dass es Lara sofort nach ihrem Anruf besser gegangen war. Sie hatte die ganze Nacht durchgeschlafen und war seit diesem Morgen wieder völlig gesund.

Die Feen schützen uns vor rauen Elementen

Ohne Frage sind die Feen geborene Ärzte, die ihren Finger am Puls des irdischen Lebens haben. Sie sind nicht nur in der Lage, unseren Körper zu heilen, die Feen können uns auch vor physischem Schaden bewahren, vor allem wenn es um raue Elemente geht. Sue Charbonneau und ihr Hund Rosie wurden gerettet, nachdem sie die Feen um Hilfe angefleht hatte:

Sue und ihre Hündin Rosie folgten an einem Februarmorgen in einem sumpfigen Gelände in der Nähe ihres Hauses in Ontario, Kanada, der Spur eines Schneemobils. Normalerweise dauert dieser

Spaziergang ungefähr zwanzig Minuten, doch an diesem Tag trug die Schneedecke nicht, so dass Sue langsam im sumpfigen Boden einsank. Sie hatte weder geeignete Stiefel noch Schneehosen an, da der Weg eigentlich kurz war und hart gefroren von Schnee.

Als Sues Beine immer tiefer in den Schneematsch einsanken, flehte Sue die Feen an, Rosie beizustehen, um sie herauszuziehen. Dann begann die Hündin, an Sues Handschuhen zu ziehen, was ihr half, sich aus dem Loch herauszuwinden. Da Rosie eine kleine, nur zehn Pfund schwere Hündin ist, war Sue davon überzeugt, dass die Feen ihnen beiden geholfen haben mussten.

Sue erinnert sich, was als Nächstes geschah: »Ich musste unbedingt zurück auf festeren Boden gelangen. Ich bat die Feen, mir zu helfen, so leicht wie möglich zu sein, damit meine Füße nicht mehr einsinken würden. Ich bat sie, dafür zu sorgen, dass wir sicher nach Hause kämen, bevor es zu kalt würde. Unsicher begann ich erneut, einen Fuß vor den anderen zu setzen, aber zu meiner Verwunderung war es, als würde ich kaum den Boden berühren. Ich schwebte förmlich den Rest des Weges dahin, bis ich endlich festeren Boden unter den Füßen hatte. Ich war so überwältigt und den Feen zutiefst dankbar.«

Sollten Sie sich jemals von rauen Umweltbedingungen wie Schnee, Wind, Wasser, Feuer und Ähnlichem bedroht fühlen, rufen Sie die Feen um Hilfe an. Als Hüter der Natur können sie physische Gesetze zu Ihren Gunsten verkehren.

Sie können die Feen bitten, Ihnen in Verbindung mit jedem Engel oder aufgestiegenen Meister (wie beispielsweise Erzengel Michael, Jesus Christus, Maria oder Buddha) zu helfen, an den Sie sich normalerweise wenden. Die Feen sind überkonfessionell und sehr gern bereit, in Verbindung mit allen religiösen oder spirituellen Richtungen tätig zu werden, besonders jenen, die der Natur und den Tieren den ihnen gebührenden Respekt entgegenbringen.

Um die Feen um Heilung oder Schutz anzurufen, müssen Sie Ihre Bitte einfach nur laut, im Geiste oder durch das gesprochene bzw. gesungene Wort ausdrücken. Auf dringende Bitten reagieren sie sofort (wobei sie Sie im Gegenzug vielleicht bitten werden, später auf einem Spaziergang durch die Natur irgendwelchen Abfall aufzuheben und zu entsorgen).

Viertes Kapitel

Feen und Tiere

Die Feen können jedoch nicht nur Menschen heilen, sondern auch wild lebende Tiere und Haustiere. Feen sind die Schutzengel aller Tiere. Wenn Sie einen Hund, eine Katze oder ein anderes Tier streicheln, verbinden Sie sich mit den Feen. Das ist ein Grund, warum wir uns in der Nähe von Tieren so wohl fühlen.

Als Naturengel macht es den Feen ganz besonders Freude, den Tieren und Vögeln zu helfen, sie zu heilen und zu beschützen. Man kann sogar sagen, dass Tiere einen besonderen Stellenwert bei den Feen einnehmen. Und auch die Tiere lieben die Feen. Achten Sie einmal darauf, wohin Ihr Hund oder Ihre Katze so unverwandt schaut, obgleich es nichts zu geben scheint, das sich anzuschauen lohnen würde. Doch die Tiere starren nicht in den leeren Raum; sie schauen die Feen an!

Sue Workman bat die Feen, insbesondere eine Feenkönigin namens Epona, ihr zu helfen, ihr lahmendes Pferd zu heilen. Eine Feenkönigin ist mit einem Erzengel oder einer Bienenkönigin vergleichbar, indem sie die anderen Feen befehligt. Die meisten Feenköniginnen sind göttinnengleiche Wesen, und häufig konzentrieren sie sich auf bestimmte Interessengebiete. Epona zum Beispiel ist die Feenkönigin, die den Pferden hilft. In Kapitel 9 werden Sie von anderen Feenköniginnen (und -königen) und ihrer jeweiligen Zuständigkeit lesen.

Als kleines Kind hatte Sue viele Stunden in den Wäldern von Montana damit zugebracht, mit den Feen in Kontakt zu treten. Sie ließ unter Bäumen und in Sträuchern Geschenke für sie zurück. Als Erwachsene hat Sue regelmäßig bei ihren täglichen Spaziergängen in der Natur Verbindung mit den Feen aufgenommen.

Vor zwei Jahren halfen die Feen Sue und ihrem Hengst Moonbeam auf eine ganz erstaunliche Weise. Nachdem Sue Moonbeam zu sich genommen hatte, bat sie die Feen, ihn zu beschützen. Außerdem wandte sie sich mit ihrer Bitte um Schutz für das Tier an Epona, die Feenkönigin und Göttin, die über die Pferde wacht.

Als Sue eines Tages Moonbeam mit einer tiefen Schnittwunde am Fußgelenk auf der Weide liegen sah, bat sie sofort Epona und die Feen um Hilfe. Moonbeam hatte seine Fessel am Stacheldraht verletzt und wand sich vor Schmerzen. Doch kaum hatte Sue die Feen um Hilfe gebeten, war Moonbeam immerhin in der Lage, sich auf drei Beine aufzurichten und zum Pferdeanhänger zu hinken.

Als sie in der Tierarztpraxis ankamen, war die Diagnose vernichtend. Der Arzt, als einer der besten in Montana bekannt, hatte wenig Hoffnung für Moonbeams Überleben und bereitete Sue auf das Schlimmste vor.

Also flehte Sue noch einmal Epona und die Feen an, Moonbeams Geist während der Operation beizustehen. Sie bat darum, dass Moonbeam nicht nur überleben, sondern wieder ganz gesund werden sollte. Am nächsten Morgen rief der Tierarzt Sue an, um ihr mitzuteilen, dass Moonbeam schon wieder auf allen vier Beinen stehen konnte.

Sue hörte, wie die Feen ihr rieten, sie solle kanadischen Gelbwurz in eine Mixtur geben, die der Tierarzt zur Spülung von Moonbeams Wunde benutzte. Als Sue den Mann fragte, ob er damit einverstanden sei, antwortete er: »Warum nicht? Alles, was mit diesem Pferd vorgeht, entzieht sich sowieso schon jeder Logik.«

Die Feen gaben Sue exakte Anweisungen, wie sie Moonbeams Fußgelenk während der Genesungszeit behandeln sollte. Das Bein des Pferdes war zwei Monate eingegipst und die Fessel mit einem festen Verband umwickelt. Moonbeam ist heute wieder völlig gesund und kann sein Fußgelenk uneingeschränkt bewegen. Sue ist davon überzeugt, dass Moonbeam seine Genesung vor allem den Feen zu verdanken hat.

Wie winzige Dr. Doolittles, die Hausbesuche absolvieren, können die Feen bei jedem Detail der Haustierhaltung helfen. Sie können problematische Verhaltensmuster auflösen und als Vermittler auftreten, damit Sie besser die Bedürfnisse und Nöte Ihres Tiers verstehen können. Kurz gesagt, die Feen werden Ihnen und dem Tier helfen, eine enge und liebevolle Beziehung aufzubauen, die auf Liebe und gegenseitigem Verständnis gründet.

Hilfe bei Eichhörnchen und Mäusen

Feen helfen aber nicht nur bei zahmen Tieren, sondern helfen Ihnen auch gern bei der Hege von frei lebenden Tieren. Wenden Sie sich an die Feen, wenn Sie zum Beispiel einen verletzten Vogel finden. Außerdem können die Feen Sie vor fremden Hunden und anderen Tieren beschützen.

Wenn fremde Tiere in Ihr Haus, Ihr Büro oder Ihr Auto eindringen, sind die Feen gern bereit zu helfen. Laurie Montanaro und ihr Ehemann hatten normalerweise keine Schwierigkeiten mit den Eichhörnchen, die auf ihrem Dachboden hausten, doch eines Tages brauchte Laurie bei einem dieser kleinen Nager die Unterstützung der Feen:

Laurie und ihr Mann leben in einem 50 Jahre alten Haus in Memphis, zusammen mit mehreren Eichhörnchen, die es sich auf dem Dachboden bequem gemacht hatten. Eines Morgens verlor eines dieser Tiere offensichtlich den Halt und fiel zwischen die Wände. Sie konnte hören, wie das Eichhörnchen darum kämpfte, die Wand hochzukrabbeln, nur um im nächsten Moment wieder abzurutschen. Während Laurie das panische Gequieke des Eichhörnchens hörte, fragte sie sich, wie sie ihm nur helfen konnte.

Laurie erinnerte sich schließlich, irgendwo einmal gelesen zu haben, dass Feen bei Problemen mit wild lebenden Tieren halfen, daher beschloss sie, um ihre Hilfe zu bitten. Sie legte ihre Hand auf die Wand, hinter der sie das verschreckte Tier hören konnte, und bat die Feen, ihr zu helfen, das Eichhörnchen die Wand hinauf in Sicherheit zu bringen.

Innerhalb weniger Minuten fand das Eichhörnchen erfolgreich seinen Weg in die Freiheit! Laurie dankte den Feen für ihre Hilfe, und heute ruft sie diese Naturengel immer an, um Haustieren und wilden Tieren Botschaften zu übermitteln. Sie brachte sogar ihren zunächst skeptischen Ehemann dazu, in einer ähnlichen Situation die Feen um Hilfe zu bitten, und auch er hatte Erfolg damit.

Laurie und ihr Mann haben von den Feen gelernt, in Eintracht mit den Eichhörnchen zu leben.

Sandy Strommer andererseits war nicht besonders glücklich darüber, ihr Haus mit Mäusen teilen zu müssen, die es jeden Winter zu ihrem Quartier machten. Glücklicherweise waren die Feen in der Lage, zu vermitteln:

Sobald der Winter anbrach, wurde Sandys Haus von Mäusen belagert, die versuchten, Nahrung zu finden und der winterlichen Kälte zu entfliehen. Eines Morgens Anfang Dezember öffnete sie ihre Besteckschublade und fand darin Mäusekot. Sie hatte gerade keine Zeit, ihre Küchenschubladen sauber zu machen, also forderte sie ihren Ehemann auf, den frechen Mäusen ein für alle Mal den Garaus zu machen. Nachdem ihr Mann vier Mäusefallen aufgestellt hatte, überkamen Sandy jedoch Skrupel. Eigentlich wollte sie die Mäuse ja nicht töten, sondern nur aus dem Haus vertreiben.

Sandy hatte vor kurzem angefangen, während ihrer Meditationen Visionen von Feen zu haben, obwohl sie nie zuvor an sie geglaubt hatte. Also begann sie, Bücher über Feen zu lesen, was ihren Glauben an die Existenz dieser Wesen bestärkte.

Sandy beschloss, die Feen um ihre Hilfe bei der Mäuseplage zu bitten. Sie erklärte: »Liebe Feen, wir können keine Mäuse im Haus gebrauchen. Wir haben nichts gegen sie, solange sie draußen leben, doch ihr Kot kann Krankheiten auf uns Menschen übertragen, und darum können wir sie nicht in unserem Haus dulden. Ich habe nicht die Zeit, andauernd meine Küchenschränke sauber zu machen und zu desinfizieren. Könnt ihr sie daher bitte zum Gehen auffordern? Ich möchte sie ungern in die Kälte hinausschicken, doch wenn sie weiter im Haus bleiben, haben wir keine andere Wahl, als sie zu töten. Bitte helft uns bei dieser Situation, denn ich weiß nicht, was ich sonst tun könnte. Danke.«

Seit diesem Tag hatte Sandy nie wieder Mäuse im Haus. Als einmal ihre Schwester über Mäuse bei sich zu Hause klagte, rief Sandy erneut die Feen um Hilfe an, mit dem gleichen sofortigen Erfolg. Sie hat ihrer Schwester allerdings bis heute nicht gesagt, warum die Mäuse so plötzlich verschwunden sind.

Sandy sagt: »Ich liebe meine Feen. Es macht so viel Spaß mit ihnen!«

Sie sehen, die Feen helfen gern bei allem, was mit Tieren zusammenhängt. Sie werden Ihnen sogar helfen, vermisste Haustiere wiederzufinden oder ein neues aufzunehmen. Außerdem werden die Feen Ihnen helfen, die Erde friedlich mit den anderen Lebewesen zu teilen, beispielsweise Pflanzen und Bäumen, wie Sie im nächsten Kapitel nachlesen können.

Fünftes Kapitel

Gärtnern mit den Feen

Wo immer Sie Blumen, Bäume, Wiesen, Tiere oder Wasser vorfinden, sind die Feen nicht weit. Die Natur ist das Reich der Feen, ihr Zuhause, ihr Tempel. Ganz besonders lieben sie üppige Vegetation, die ohne Pestizide oder übereifriges Zurechtstutzen in ihrem Urzustand belassen wird. Daher ist es sinnvoll, dass die Feen dafür sorgen, unsere Gärten blühen und gedeihen zu lassen. Alles, was wir dazu beitragen müssen, ist die Bitte, sie sollen sich um das Wachstum unserer Pflanzen im Garten kümmern.

Das Anlegen eines Feengartens

Sie können weitere Feen in Ihren Garten einladen, indem Sie einen »Feengarten« anlegen. Das bedeutet einfach, dass Sie Ihren Garten mit

Dingen ausstatten, die den Feen gefallen. Die Feen werden Ihren Garten in ein üppiges, wunderbares Refugium und eine friedliche Oase verwandeln. Hier sind einige der Elemente eines Feengartens:

Blumen

Die Feen lieben Blumen. Sie kümmern sich um sie und sorgen dafür, dass Ihr Garten immer in allen Farben erblüht. Die Feen lieben glockenförmige Blumen wie beispielsweise Glockenblumen, Fingerhut und Maiglöckchen, da sie ihnen wunderbar Schatten spenden. Der Legende nach benutzen Feen auch Schlüsselblumen und Primeln, um von den physischen in die nichtphysischen Dimensionen herüberzuwechseln und umgekehrt.

Blumen und Pflanzen ohne chemische Substanzen

Feen reagieren allergisch auf Chemikalien, daher sollten Sie jegliche Pestizide oder andere Sprühmittel vermeiden, die dazu führen könnten, dass Ihre Feen flüchten, um sich einen neuen Lebensraum zu suchen. Die meisten Bioläden bieten eine natürliche Alternative zu Pestiziden an, die aus unbedenklichen Inhaltsstoffen wie zum Beispiel Apfelsinenschalen und Kräutern bestehen. Bitten Sie die Feen, Ihnen bei der Schädlingsbekämpfung zu helfen, damit Sie keinerlei Chemikalien einsetzen müssen.

Eine naturnahe Umgebung

Darüber hinaus bevorzugen Feen Gärten, die so natürlich wie möglich belassen wurden, daher sollten Sie ihn so wenig wie möglich stutzen. In einem kurz gemähten Rasen und penibel gepflegten Garten halten sich weniger Feen auf als in einer wilden, üppig wachsenden Umgebung. Machen Sie es sich zur Gewohnheit, die Feen zu warnen, bevor Sie eine Wiese betreten, und lassen Sie ihnen genügend Vorsprung, bevor Sie den Rasen mähen.

Gefiederte und pelzige Freunde

Die Feen lieben es, ihren Garten mit Vögeln, Schmetterlingen und Eichhörnchen zu teilen. Die Feen werden Sie großzügig belohnen, wenn Sie ein Vogelhaus in Ihrem Garten aufstellen, vor allem eines für

Kolibris (vermeiden Sie künstliche Farbstoffe oder andere schädliche Chemikalien in dem Wasser, das Sie für die Vögel bereitstellen). Sollten unterirdisch lebende Tiere wie beispielsweise Maulwürfe zur Plage werden, bitten Sie die Feen um ihre Hilfe. Sie können Schmetterlinge anlocken, indem Sie Astern pflanzen, Ringelblumen, Flieder, Lavendel und Rosmarin.

Kristalle

Feen lieben glitzernde Kristalle, also verteilen Sie sie überall im Garten oder hängen Sie ein paar Angelschnüre in Ihren Bäumen auf und schmücken sie diese mit glitzernden Steinen. Desgleichen sind kleine weiße Lichterketten in Ihren Bäumen etwas, das die Feen ganz besonders mögen.

Feenmöbel und Feenkreise

Wenn es Ihnen gefällt, können Sie winzige Feenmöbel aus Birkenholzrinde oder welche aus Ihrem alten Puppenhaus im Garten aufstellen. Ein Kreis aus frisch gepflückten Blumen oder glatten Kieselsteinen bildet einen »Feenkreis«, der ein Versammlungsort ist, an dem Feen gemeinsam in andere Dimensionen überwechseln.

Musik

Außerdem können Sie Stereolautsprecher im Garten aufstellen (manche sehen aus wie kleine Felsen oder Steine). Lassen Sie sanfte Musik spielen, an der sich die Pflanzen, Blumen, Vögel, Schmetterlinge und Feenbewohner Ihres Gartens erfreuen können. Aber vermeiden Sie unbedingt laute, harte Musik in Ihrem Garten, oder es kann passieren, dass Sie eine Massenflucht Ihrer kleinen Gäste auslösen. Seien Sie nicht überrascht, wenn Sie Musik in Ihrem Garten vernehmen, vor allem spät in der Nacht. Die Feen feiern beinahe jede Nacht ein Fest, bei dem sie auf der Geige spielen und singen und auf diese Weise fröhliche Musik erklingen lassen.

Statuen

Darüber hinaus lieben die Feen es, wenn Sie Feenstatuen in Ihrem Garten aufstellen. Den Feen gefallen diese Statuen nicht nur, sie sind auch für die in der Nähe wachsenden Pflanzen von Vorteil, wie Margot Herold aus Deutschland entdeckt hat:

Margot fiel eine Stelle in ihrem Blumenbeet auf, an der nichts richtig wachsen wollte. Ganz anders als in ihrem Vorgarten, wo ein herrlicher Rosenbusch neben einer Feenstatue blühte, die sie einer inneren Eingebung folgend gekauft hatte, obwohl sie zu dem Zeitpunkt nicht an die Existenz von Feen glaubte. Also kaufte Margot noch eine weitere dieser kleinen Statuen, dieses Mal für den unbelebten Fleck in ihrem Garten hinter dem Haus. Außerdem bat sie die Feen, ihren Pflanzen beim Wachsen zu helfen. Beinahe sofort begannen die Pflanzen zu gedeihen. Bald war die kleine Statue so von Grün überwuchert, dass Margot sie nicht länger sehen konnte. Heute lässt sie ohne Scheu jeden wissen, dass es die Feen sind, denen sie ihren schönen Garten zu verdanken hat.

Wenn Sie die Feen in Ihren Garten einladen, werden Sie merken, dass alles üppiger und schöner blüht. Judy Phillips aus Wisconsin hat Blumen in ihrem Garten, die noch lange nach der normalen Blütezeit in voller Pracht stehen, und das hat sie den Feen zu verdanken. Außerdem hat sie gelernt, dass Feen sich wunderbar zur Schädlingsbekämpfung eignen:

Judy gefiel es gar nicht, dass die Pflanzen in ihrem Garten von Insekten befallen waren, daher bat sie die Schädlinge, ihre Bäume und Blumen nicht am Blühen und Wachstum zu hindern. Als das nichts fruchtete, wurde Judy noch niedergeschlagener.

In ihrer Verzweiflung beschloss sie, die Feen um Hilfe zu bitten. Sie stellte die Figur eines Koboldes in ihrem Garten auf und bat die Feen, die Insekten fernzuhalten, damit die Blumen und immergrünen Pflanzen sich gut erholen konnten.

Judy sagt: »Es ist erstaunlich, wie viele Feen gekommen sind, um mir zu helfen! All die kleinen Löcher in den Blättern, wo die Insekten herumgeknabbert hatten, verschwanden. Von nun an gediehen die Blumen prächtig, waren gesund und eine richtige Augenweide.«

Außerdem ist Judy davon überzeugt, dass die Feen ihr im kalten Winter von Wisconsin geholfen haben, dass ihr die Pflanzen im Garten nicht eingehen. Ihre Blumen blühen bis weit in den Dezember hinein, selbst wenn bereits der erste Schnee gefallen ist.

Pflanzen-Doktoren

Wir haben bereits gesehen, wie Feen sowohl Menschen als auch Tiere von Krankheiten und Verletzungen heilen können. Da die Natur das Zuhause der Feen ist, dürfte es nicht überraschen, dass sie auch kranke Pflanzen und Bäume heilen können. Die Feen heilten beispielsweise Linda Dunwoods Baum, nachdem er von einem Blitz getroffen und von Baumexperten für abgestorben gehalten wurde:

Linda und ihre Familie wurden eines Nachts von einem heftigen Gewitter mit Blitz und Donner aus dem Schlaf geschreckt, als ein lauter Knall die Alarmanlage des Hauses auslöste. Als die Familie ins Freie stürzte, um zu sehen, was passiert war, entdeckten sie, dass der hundert Jahre alte Pekannussbaum in ihrem Garten von einem Blitz getroffen worden war. Der Blitz war durch den Baum in die Erde gefahren, wo er den Kontrollschalter für die Sprinkleranlage außer Kraft gesetzt hatte.

Der Blitz hatte Splitter von einer Hälfte der Baumrinde abgerissen, die 20 Meter weit bis zum Haus geflogen und gegen die Fenster geprallt waren. Die ganze linke Hälfte des Baumes war kahl und ihrer schützenden Rinde beraubt.

Linda rief tags darauf mehrere Baumexperten an, die alle behaupteten, dass der Baum nicht mehr zu retten sei. Die Experten meinten, es würde Tausende von Dollar kosten, den Baum zu beseitigen, doch Linda ging es gar nicht ums Geld. Sie wollte nur nicht den Baum verlieren, den sie seit vielen Jahren so liebte und an dessen Anblick sie sich so oft erfreut hatte. Wie häufig hatte sie schon ihre Nachbarn sagen hören: »Oh, was für ein Glück Sie haben, Sie wohnen in dem Haus mit dem schönen Pekannussbaum.«

Schließlich riet einer der Experten Linda vom Baumfällen ab. Stattdessen meinte er, sie solle bis zum Frühjahr warten, um zu sehen, ob er wieder Blätter tragen würde – was ein Hinweis darauf wäre, dass noch Leben in dem Baum sei. Er sagte allerdings auch, dass es ein Wunder wäre, wenn der Baum noch leben würde, doch sei es den Versuch wert.

Voller Zuversicht beschloss Linda, die Feen zu bitten, ihren Pekannussbaum zu heilen. Sie erzählt: »Jeden Tag bat ich die Feen, den Baum zu retten. Meine Freunde und Nachbarn lachten mich aus, als ich ihnen sagte, dass die Feen dem Baum helfen würden. Aber das war mir egal. Wichtig war, dass mein Baum lebt.«

Im nächsten Frühjahr waren die Äste des Baumes mit zartgrünem Laub bedeckt. Außerdem trug er am Ende des Sommers mehr Pekannüsse als während der ganzen 16 Jahre, in denen Linda und ihre Familie in dem Haus gewohnt hatten. Heute glaubt auch Lindas Ehemann an die Feen! Der Baum ist wieder völlig gesund und bietet in seiner grünen Blätterkrone vielen Eichhörnchen einen sicheren Zufluchtsort.

Lindas Geschichte zeigt deutlich, dass die Feen umso mehr Macht haben, Bäumen, Tieren, Pflanzen und anderen Organismen in der Natur zu helfen (den Menschen inbegriffen), je mehr wir an sie glauben. Während der ganzen Zeit zweifelte Linda nie daran, dass die Feen ihren Baum heilen konnten. Und sie taten es!

So, wie Linda, wandte sich auch Su Foh Yau mit der Bitte an die Feen, ihren alten Birnbaum zu heilen:

Dem Birnbaum in Sus Garten ging es nicht besonders gut. Viele Jahre lang hatte er zwar üppig geblüht, doch wurden später die Birnen schnell schwarz und fielen zu Boden, lange bevor sie richtig reif waren. Auch die Blätter färbten sich schwarz.

Su wusste nicht, was sie dagegen tun sollte, bis sie eines Tages etwas über Feen las. Sie ging nach draußen und sagte zu ihnen: »Mein Birnbaum ist krank, und ich möchte ihn nicht mit giftigen Chemikalien besprühen. Bitte heilt ihn und gebt mir viele saftige Birnen.«

Der Baum wurde schnell wieder gesund und trug im folgenden Sommer mehr Früchte als jemals zuvor. Su ist den Feen unendlich dankbar, dass sie sich um ihren Baum gekümmert und ihren Wunsch erfüllt haben.

Beweis für die Anwesenheit von Feen

Sobald Sie Feen in Ihren Garten einladen, werden Sie bald Beweise für ihre Anwesenheit erkennen:

- Es werden mehr Blumen blühen.
- Ihre Blumen werden prächtiger, leuchtender sein und länger blühen.
- Vögel und Eichhörnchen werden häufige Besucher in Ihrem Garten sein.
- Wunderschöne Schmetterlinge werden um Ihre Blumen herumflattern.
- Libellen, Frösche und Eidechsen, allesamt Verwandte der Feen, mögen auf eine Stippvisite vorbeikommen. (Falls Sie es vorziehen, keine

Reptilien oder Eichhörnchen in Ihrem Garten zu haben, dann teilen Sie dies einfach den Feen mit.)

- Ihr Garten wird einen inneren Frieden ausstrahlen und zu einem einladenden Ort des Rückzugs und der Meditation werden.

»Feenringe« sind ein anderes Anzeichen für die Präsenz der Feen. Wenn sich kreisförmige Gruppen von Giftpilzen, Champignons oder Blumen in Ihrem Garten bilden, ist dies ein positives Zeichen dafür, dass die Feen sich bei Ihnen langfristig angesiedelt haben. Feen und andere Elementarwesen (wie beispielsweise Kobolde) reisen durch diese Ringe zwischen den Dimensionen hin und her. Wenn Sie aufmerksam lauschen, können Sie bei Nacht die Geräusche von Musik und Lachen vernehmen, die aus dem Kreis dringen.

Eine junge Australierin namens Tara wollte Kontakt mit den Feen aufnehmen, also ging sie in ihren Garten und lud sie ein, dort zu wohnen. Am nächsten Morgen fand Tara einen neu gebildeten Kreis von Giftpilzen an der Stelle, wo sie die Einladung ausgesprochen hatte. Taras Begeisterung verwandelte sich jedoch schnell in Traurigkeit, als ihr

Vater unwissend den Feenkreis beim Mähen zerstörte. Sehr aufgebracht schalt Tara ihren Vater, dass er das Zuhause der Feen vernichtet habe. Glücklicherweise ließen die Feen sich von dem Zwischenfall nicht entmutigen. Am nächsten Tag tauchte der Kreis aus Giftpilzen wieder an derselben Stelle auf, so als wäre er nie weg gewesen.

Heute, fünf Jahre später, lässt Taras Vater diesen Teil des Gartens beim Mähen aus. Mittlerweile steht dort eine junge Eiche, das Gras wächst hoch, und es gibt mehrere Feenkreise in dem Bereich des Gartens, wo die Feen zu Hause sind.

Tara sagt: »An dieser Stelle kann man wunderbar sitzen und nachdenken, seit meine neuen Feenfreunde sich hier niedergelassen haben. Heute ist mein Garten voller Leben! Ich besuche die Feen jeden Tag und erzähle ihnen alles. Ich kann stets ihre liebevolle Energie spüren, die mich umgibt und von jedem Kummer heilt.«

Jugendliche wie Tara scheinen den Kontakt mit Feen leichter herstellen zu können als Erwachsene. Viele haben mir gesagt, dass sie schon als Kind Feen gesehen hatten. Als sie älter wurden und begannen, an der Existenz der Feen zu zweifeln und mehr Zeit in geschlossenen Räumen zu verbringen, brach die Verbindung zu den Feen allmählich ab.

Glücklicherweise werden Kinder heute viel häufiger als früher von aufgeschlossenen Eltern großgezogen, die an die Existenz von Feen und Engeln glauben und die Beziehung mit diesen Wesen fördern. Im nächsten Kapitel werden Sie lesen, dass die Feen im Herzen von Kindern einen besonderen Platz einnehmen.

Sechstes Kapitel

Kinder und Feen

Es scheint, dass wir alle sensitiver werden, und das gilt auch für unsere Kinder. Ich bin immer wieder erstaunt und voller Ehrfurcht vor dem tief greifenden spirituellen Verständnis, das Kinder ganz selbstverständlich an den Tag legen. Bei fast allen meinen Seminaren treffe ich Jungen und Mädchen, die mir von ihren Begegnungen mit Feen und Engeln berichten. Diese Kinder glauben nicht nur an Feen, sie *wissen*, dass es sie wirklich gibt.

Es ist noch gar nicht so lange her, da erschreckte es manche Eltern, wenn ihre Kinder von unsichtbaren Freunden berichteten. Heute akzeptieren Eltern die spirituellen Talente von ihrem Nachwuchs und fördern sie sogar. Viele Eltern bringen ihre Kinder zu meinen Kursen über die Entwicklung außersinnlicher Fähigkeiten mit, auch wenn die meisten dieser jungen Menschen spirituell so begabt sind, dass sie eigentlich keine lange Einführung in dieses Thema bräuchten. Sie können die geistige Welt bereits sehen, und sie vertrauen ihren Visionen und intuitiven Gefühlen.

Ein Grund, warum Kinder Feen so leicht sehen, ist der, dass Feen ihnen vertrauen. Sie wissen, dass Kinder reinen Herzens sind und liebevolle Absichten haben, daher zeigen sie sich diesen jungen Menschen besonders schnell.

Auch für die kleine Sydney Teets hinterließen die Feen einen konkreten Beweis für ihre Anwesenheit:

Amy Teets erzog ihre Kinder dazu, offen über ihre spirituellen Visionen und Besuche, die sie von Engeln erhielten, zu sprechen und sich nicht von Zweiflern verunsichern zu lassen. Das führte dazu, dass ihre Tochter Sydney ausgeprägte hellseherische Fähigkeiten entwickelt hat, über die sie offen redet.

Als Sydney in der Vorschule war, sprach sie ständig von ihrer Freundin Becky, die sehr klein war, eine braune Haut hatte und lila Flügel. Becky lebte in einem weißen Stein und konnte mit ihren klebrigen Händen problemlos an den Wänden hochklettern.

Eines Tages nach der Schule fiel Amy ein deutlicher kleiner lila Handabdruck auf Sydneys Söckchen auf. Zuerst schimpfte Amy Sydney aus, weil sie Farbe auf ihre Kleidung gekleckst hatte. Doch Sydney korrigierte sofort die Annahme ihrer Mutter, indem sie widersprach: »Das war ich nicht. Das war Becky. Du weißt doch, Mom, meine Fee!«

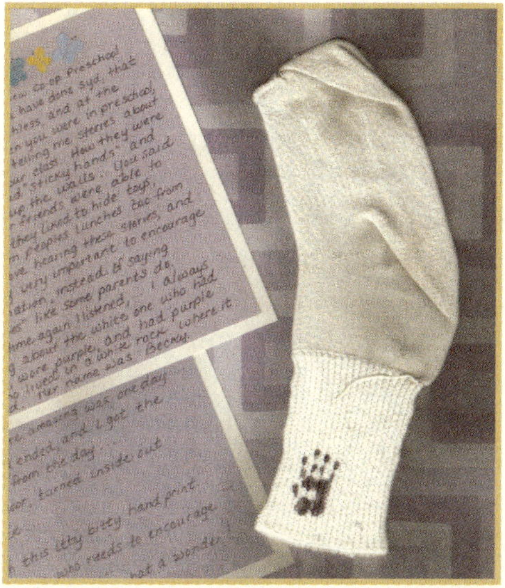

Sydneys Söckchen mit einem kleinen lilafarbenen Handabdruck

Sydney sagt, dass die Feen und Engel ihr die Bedeutung der Farben beibringen. Sie haben Sydney gelehrt, sich von Personen fernzuhalten, die bestimmte Farben in ihrer Aura haben, wie zum Beispiel Orange, Grau oder Schwarz.

Feen helfen Kindern, sich glücklich und beschützt zu fühlen

Feen werden alles tun, was sie können, um Kindern zu helfen. Die Liebe der Feen zu den Kindern motiviert sie, ihnen in jeder Hinsicht zu helfen und sie zu beschützen. Viele Eltern berichten von positiven Veränderungen, nachdem sie Feen und Engel gebeten hatten, ihren Kindern zu helfen, wie Karen Gore aus Irland festgestellt hat:

Karens vierjähriger Sohn Kodi war in der Schule in seinen Leistungen hinterher. Er weinte jeden Tag und malte furchteinflößende Monster in dunklen Farben. In ihrer Verzweiflung beschloss Karen, sich an die Engel und Feen zu wenden mit der Bitte, ihrem Sohn zu helfen. Als sie Kodi am nächsten Morgen zur Schule brachte, erklärte Karen, dass es ihm heute in der Klasse besser ergehen würde, weil die Engel sich nun um ihn kümmerten. Sie erwähnte nicht, dass sie auch die Feen gebeten hatte, über ihn zu wachen. Als Karen wieder nach Hause fuhr, schwebte eine kleine weiße Feder an ihrem Kopf vorbei, was sie in eine friedliche Stimmung versetzte.

Als Karen ihren Sohn am Nachmittag von der Schule abholte, fragte sie ihn, wie sein Tag gewesen sei. »Fein, Mummy«, antwortete er fröhlich. »Heute hab' ich nicht geweint!«

Karen fragte ihn, wer ihn auf dem Spielplatz beschützt habe, und überließ Kodi die Antwort, ob es seine Schwester, eine Lehrerin oder die Engel gewesen waren. Man kann sich ihre Überraschung vorstellen, als Kodi sagte, dass die Feen ihm Gesellschaft geleistet hatten!

Kodi erklärte, dass er eine große Anzahl von ihnen gesehen habe: Feenjungen, Feenmädchen und sogar Feenbabys. Auch während des Unterrichts waren sie bei ihm gewesen. Er hatte sie auf dem Dach, den Fensterbänken und auf seinem Pult sitzen sehen. Eine Fee hatte ihn sogar am Rücken gekitzelt.

Karen war leicht schockiert, wenn auch auf angenehme Weise, da sie gegenüber Kodi kein Wort über die Feen verloren hatte. Seit jenem Tag haben sich Kodis Zeichnungen verändert. Leuchtende Farben haben die dunklen Töne und furchteinflößenden Monster abgelöst, die er früher wie besessen gezeichnet hatte. Stattdessen malte er seiner Mutter bald ein schönes Bild mit ihrem Haus darauf und einem Regenbogen darüber sowie kleinen gelben Kreisen, von denen Karen wusste, dass sie die Feen darstellen sollten. Außerdem zeichnete Kodi ein Bild seiner Fee, mit großen Augen und kurzen Haaren.

Karen sagt: »Kodi sieht seine Feen jetzt überall, und oft sagt er mir, wo in unserem Haus sie gerade anzutreffen sind. Er ist heute viel ausgeglichener und glücklicher und hat sogar angefangen, mit anderen Kindern zu spielen, ohne dass ich in der Nähe sein muss. Danke, liebe Feen, für eure Hilfe!«

Die Feen halfen Kodi, sich sicher und angenommen zu fühlen. Dies ermöglichte dem Jungen, sein auf Angst basiertes Verhalten loszulassen, was dazu führte, dass er heute viel fröhlicher ist und es viel mehr Spaß macht, in seiner Gesellschaft zu sein.

Sie können die Feen bitten, Ihnen bei jeglichen emotionalen oder verhaltensbedingten Problemen bei Kindern zu helfen, auch Angstzuständen, wie Susan Rust erfahren hat:

Die Feen halfen Susans dreieinhalbjährigem Sohn Blake, seine Scheu vor dem Wasser zu überwinden. Bei Familienausflügen an den See weigerte er sich strikt, auch nur einen Zeh ins Wasser zu halten. Und dann kam der Tag, wo er zur Überraschung aller in der Badewanne lachte.

Er sagte seiner Mutter: »Ich tue so, als ob ich ertrinke.« Als seine Mutter erschrocken nach dem Grund fragte, erwiderte Blake: »Weil meine Feen es mir gesagt haben.«

Susan dachte, dass seine Feen einen eigenartigen Sinn für Humor hatten, bis ihr klar wurde, dass sie ihrem Sohn halfen, seine Angst vor dem Ertrinken zu überwinden. Als sie das nächste Mal zum Baden fuhren, hatte Blake nicht mehr die geringste Scheu vor dem Wasser.

Wenn Susan ihren Sohn abends ins Bett bringt und Ruhe ins Haus einkehrt, fällt ihr auf, dass Blake still vor sich hin blickt oder mit seinen Feen und Engeln Zwiegespräche führt.

Eines Abends ging Susan zu ihrem Sohn ins Zimmer, um ihm eine Gutenachtgeschichte vorzulesen. Blake begrüßte sie freudig und aufgeregt. Lächelnd sagte er: »Mommy, ich kann mit meinen Händen zaubern! Meine Feen haben mir gezeigt, wie es geht!«

Zuerst wunderte sich Susan, welche Art von Zauber ein Dreijähriger bewirken könnte, doch bat sie Blake, ihr zu zeigen, was er damit meinte. Daraufhin legte der Kleine für einen Moment seine Hand auf Susans Stirn. Nachdem er sie wieder weggezogen hatte, sagte er: »Okay, das ist genug.« Dann wurde Susan klar, dass die Feen ihn gelehrt hatten, wie man durch Handauflegen heilt.

Die Feen lieben es, Kindern den Zauber des Lebens auf der Erde näherzubringen. Sie bringen Kindern Methoden bei, wie sie umgehend etwas manifestieren und heilen können, so, wie sie es bei Blake getan haben. Die Feen sind wunderbare, geduldige Lehrer und zugleich Ratgeber und Übungsleiter.

Sie können den Feen Ihre Sorgen und Ängste beichten oder sie bitten, Ihnen bei allem zu helfen, was Sie brauchen. Wenn Sie den Feen Ihr Herz ausschütten, hören Sie nicht nur aufmerksam zu, sondern sie werden auch tätig, um eine Lösung herbeizuführen. Sie werden sogar den Kindern helfen, ihre Träume wahr zu machen, wie zum Beispiel bei ihrem Berufswunsch:

Obwohl Gabrielle Lisa Baglia Studentin der außersinnlichen Geisteswissenschaften ist, hatte sie nie über Feen nachgedacht. Daher war sie perplex, als eines Tages eine ca. 20 cm große weibliche Fee mit braunen Haaren vor ihren Augen erschien. Die Fee trug ein rosafarbenes Kleid und hatte wunderschöne durchscheinende Flügel, die schneller vibrierten als die Flügel eines Kolibris. Die Fee begann, anmutig zu tanzen, bevor sie innehielt und mit einer süßen, zarten Stimme sagte: »Integrity.« Dann verschwand sie so schnell, wie sie gekommen war.

Gabrielle kam zu dem Schluss, dass sie sich die Erscheinung nur aus

Übermüdung eingebildet hatte. Dennoch hielt ein Teil von ihr an dem Glauben fest, dass sie tatsächlich eine Fee gesehen hatte. Sie fragte sich, was die Fee wohl gemeint habe, indem sie das Wort *Integrity* nannte.

Kurz nachdem sie in ihrem Studio angekommen war, rief ihr Mann sie an und erzählte ihr: »Stell dir vor: ›Integrity Casting‹ möchte Elizabeth haben!« Ihre fünfjährige Tochter träumte nämlich schon lange davon, eine berühmte Schauspielerin zu werden, und an diesem Tag bot diese bekannte Agentur der Kleinen einen Vertrag an.

Gabrielle fiel auf, dass die Fee immer unmittelbar vor jedem Anruf der Casting-Agentin erschien oder dass sie sie kichern hörte. Gabrielle erklärt: »Sie erscheint auch immer genau dann, wenn ich Geld manifestieren muss. Im Sommer 2005 brauchte ich eine bestimmte Summe als Anzahlung für ein Auto, doch dieses Mal erschien die Fee nicht in ihrer normalen Gestalt, sondern hatte die Größe eines ungefähr achtjährigen Kindes. Noch am selben Tag, an dem sie ihren Auftritt hatte, erhielt ich aus heiterem Himmel eine Überweisung von 4.000 Dollar. Ein Bekannter war mir diese Summe seit Jahren schuldig. Ich war so glücklich und dankbar für das Wunder, das dieses kleine Wesen zustande gebracht hatte! Solche Dinge passieren jedes Mal, wenn meine kleine Feenführerin auftaucht.«

Ihre Tochter Elizabeth ist inzwischen in Werbefilmen und als Fotomodell für einen bekannten kalifornischen Modeschöpfer aufgetreten. Gabrielle glaubt fest daran, dass die Feen all das in die Wege geleitet haben.

Natürlich helfen die Feen den Erwachsenen genauso wie den Kindern. Aufgeschlossene Männer und Frauen mit dem Herzen am rechten Fleck, die naturverbunden und tierfreundlich sind, können die Hilfe der Feen in Anspruch nehmen, indem sie einfach darum bitten.

Zuweilen helfen die Feen, wenn es am allerwenigsten erwartet wird, wie Sie im nächsten Kapitel lesen können.

Siebtes Kapitel

Feen und Schule

Als ich begann, Tatsachenberichte über Feen zu sammeln, war ich angenehm berührt, aber nicht darüber überrascht, wie viele Menschen schon von der Hilfe der Feen profitiert hatten, wenn es um ihren Garten und ihre Haustiere ging. Schließlich ist die Natur das Reich der Feen. Jedoch war ich überrascht, zu entdecken, wie viele Feen Schülern bei ihren Schulaufgaben geholfen haben. Mir war vorher nicht bewusst gewesen, wie sehr den Feen eine gute Ausbildung am Herzen liegt!

Doch bei genauerem Hinsehen ist es einleuchtend, dass die Feen uns bei der Finanzierung unserer Ausbildung unterstützen, da sie ein wunderbares Talent besitzen, die dafür notwendigen materiellen Voraussetzungen zu manifestieren. Anna Dean war begeistert, als die Feen ihr halfen, ein Stipendium zu ergattern, damit sie ihren Hochschulabschluss nachholen konnte:

Als Kind spielte Anna im Garten ihres Elternhauses mit Feen und unterhielt sich mit ihnen. Sie verlor den Kontakt zu ihnen, weil sie auf Menschen hörte, die ihr sagten, sie solle »sich zusammenreißen und aufhören, mit unsichtbaren Freunden zu reden«. Doch als Erwachsene entdeckte sie die Feen wieder für sich. Anna wusste, dass sie bei ihr waren, um ihr zu helfen, ihre Lebensaufgabe als Umweltschützerin zu erfüllen.

Annas Feenfreunde halfen ihr, eine bezahlte Forschungsstelle zu finden, bei der sie genug Geld verdiente, um ihr erstes Ausbildungsjahr zu finanzieren. Jedoch hatte Anna keine Ahnung, wie sie das zweite Jahr bezahlen sollte.

Eines Tages sagte eine hellsichtige Heilerin zu Anna: »Ich sehe überall Feen um dich herum, die Hände voller Geldbündel. Sie möchten, dass du sie darum bittest und dass du diese Bitte sehr exakt formulierst!«

In der darauf folgenden Woche fiel Anna in ihrer Hochschule die Ankündigung eines Forschungsstipendiums auf. Sie wusste, dass sie die fachliche Qualifikation dazu hatte, um die Ausschreibung zu gewinnen, doch war ihr auch klar, dass es viele harte Konkurrenten geben würde. Anna sagt: »Genau in dem Moment bat ich die Feen um dieses Stipendium.«

Als sie die Bewerbungsunterlagen für das Stipendium ausfüllte, konnte sie fühlen und hören, wie die Feen ihr beistanden. Sie baten sie, abzuwarten und darauf zu vertrauen, dass sie daran arbeiten und ihr dabei helfen würden, das Stipendium zu bekommen. Wann immer Anna sich darüber Sorgen machte, beruhigten die Feen sie. Also hielt sie das Vertrauen zu ihnen weiterhin aufrecht.

Annas Vertrauen in ihre Feenfreunde wurde belohnt, als sie erfuhr, dass sie das Stipendium tatsächlich erhalten hatte! Sie sagt: »Ich bin den Feen unendlich dankbar und schwor, meinen Freunden aus dem Reich der Elementarwesen von nun an immer zu vertrauen. Als Beweis meiner immerwährenden Dankbarkeit trage ich heute einen silbernen Feenanhänger an einer Kette um meinen Hals, nahe bei meinem Herzen. Wenn ich den Lesern noch etwas raten darf, dann, dass sie an diese großartigen Wesen glauben und ihnen vertrauen sollten und sie so große Segnungen in ihr Leben bringen werden.«

Kluge Feen

Im vorigen Kapitel haben Sie von Kodi gehört, dem kleinen Jungen, dem die Feen dabei halfen, seine Schulleistungen zu verbessern. Auch wenn Kodis Mutter sowohl die Engel als auch die Feen gebeten hatte, ihm zu helfen, hat der Kleine nur Feen gesehen. Nach dieser Begegnung wurde Kodi ein fröhliches und unbeschwertes Kind, das im Unterricht gut mitkam. Die Geschichte weist auf eine Ursache hin, warum Feen zuweilen eine so große Wirkung auf Kinder ausüben: Sie passen einfach wunderbar zusammen.

Feen und Kinder haben viele Eigenschaften gemein, wie beispielsweise grenzenlose Begeisterung für das Leben, Verspieltheit und Offenheit für Zauberei. Doch können die Feen auch Erwachsenen helfen, die diese Eigenschaften aufweisen.

Als Kinder haben wir uns keine Gedanken darüber gemacht, ob eine Erscheinung nur Einbildung war oder nicht. Wenn wir sie gesehen haben, dann war sie für uns echt. Als wir älter wurden, sind viele von uns misstrauisch geworden gegenüber allem »Imaginären«, daher unterdrückten wir unsere Fähigkeit, Feen und andere hellsichtige Visionen wahrzunehmen.

Sie müssen die Feen nicht unbedingt sehen, um Hilfe von ihnen zu erhalten. Es genügt, einfach nur aufgeschlossen dafür zu sein, wie Rena Schmoller herausfand:

Rena paukte für eine schwierige Prüfung. An diesem Abend erschien vor ihrem inneren Auge plötzlich ein Gesicht, das ganz aus grünen Blättern bestand. Ihr war so, als würde der Geist der Pflanze auf ihrem Schreibtisch mit ihrem eigenen Geist verschmelzen. Dann empfing Rena eine Menge zuverlässiger Informationen von dem Pflanzengeist, als wäre er ihr Freund, der sie an alles erinnerte, was sie bereits zusammen gelernt hatten. Rena bestand das Examen mit Bravour. Ein Jahr später fiel ihr eine Zeichnung desselben Gesichts aus Blättern in die Hände, das sie am Abend vor ihrer Prüfung gesehen hatte. Es war der »Grüne Mann«.

Rena sagt: »Ich fühle mich noch immer gesegnet durch die Hilfe, die ich von ihm bekommen habe.«

Der Grüne Mann ist ein sehr mächtiges und liebevolles Elementarwesen, das über die Baumgeister wacht, ein Thema, dem wir uns im nächsten Kapitel widmen werden.

Der Grüne Mann,
der über die Baumgeister wacht.

Achtes Kapitel

Der Geist der Natur

Wie wir gesehen haben, sind Feen machtvolle Heiler, Zauberer und Lehrer. Jeder, der mit diesen wunderbaren Wesen arbeitet, erkennt bald, dass alles auf diesem Planeten lebendig ist, ebenso scheinbar leblose Objekte wie Steine. Der allgegenwärtige Geist der Liebe ist überall in der Natur verkörpert. Gott ist überall. Dieser Geist manifestiert sich in zahllosen Formen, und das schließt Menschen, Tiere, Pflanzen und das Reich der Elementarwesen mit ein.

Baumgeister

Im letzten Kapitel habe ich kurz die Baumgeister angesprochen. Der Begriff mag sich eigenartig anhören, doch haben Sie nicht selbst schon Gesichter in der Struktur und dem Muster von Baumrinden gesehen?

Wenn man sie mit liebenden Augen betrachtet, haben alte Eichen- und Kiefernbaumstämme das Aussehen von Großvätern. Diese Gesichter sind die Geister der Bäume.

Es hat mir sehr gefallen, wie der Regisseur Peter Jackson in seiner »Herr der Ringe«-Trilogie Baumgeister dargestellt hat. Die *Ents*, wie J. R. Tolkien diese Naturgeister nannte, sahen so aus und sprachen wie die Baumgeister, die ich (und andere aufgeschlossene Menschen) zuweilen sehe.

Bäume werden seit Menschengedenken mit Spiritualität, Anbetung und Heilung assoziiert. Die Druiden des antiken Keltentums sind als die »Hüter des Baumwissens« bekannt. Sie empfingen ihr Wissen von Eichen; ihr System der Runen basiert laut Überlieferung auf der Symbolik, die sie von Bäumen erhielten; und sie führten ihre Zeremonien in heiligen Hainen und Wäldern durch. Auch Sokrates betrachtete Eichen als Orakel, die die Zukunft voraussagen und wichtige Informationen enthüllen konnten.

Zu den anderen Bäumen, die als heilig und als Symbol von Gottheiten angesehen werden, gehören Birke, Kiefer, Olive und Lorbeer. Tatsächlich ist Birkenrinde der natürliche Grundstoff für Aspirin. Josef von Arimathäa, ein Verwandter von Jesus Christus, soll damals einen Wanderstab bei sich gehabt haben, der aus einem Ast des heiligen Dornbuschs geschnitzt war. Als er seinen Stab in den Boden bei der Quelle von Chalice Well in Glastonbury, England, steckte, trieb dieser aus und wuchs zu einem kräftigen Weißdornbusch heran. Jedes Jahr zur Weihnachtszeit blüht der Busch, und von seinen Blüten wird gesagt, dass sie besondere Heilkräfte besitzen. Kiefern werden mit den heiligen Tagen vom Julfest und Weihnachten in Verbindung gebracht, und darüber hinaus ist Kiefernöl ein natürliches Schmerzmittel zur äußeren Anwendung.

Baumgeister sind die Seele, die in jedem Baum ihren Sitz hat, genau wie Ihre Seele und Ihr Geist in Ihrem Körper wohnen. Jeder Baumgeist hat eine eigene Persönlichkeit, zusammen mit Eigenarten und persönlichen Vorlieben. Eine Verbindung mit einem Baumgeist herzustellen ist genauso erfüllend wie jede andere Beziehung. Sie werden gegenseitiges Vertrauen aufbauen, einander helfen und beschützen. Und was vielleicht am wichtigsten ist: Baumgeister helfen uns, eine tiefere Verbundenheit zu und Achtung für die Natur überhaupt zu entwickeln.

Laura Bolotin aus Grand Junction, Colorado, hat schon immer Bäume geliebt. Im Herbst 2003 traf Laura einen ganz besonderen Baumgeist in Glade Park, Colorado:

Beim Wandern nahmen Laura und ihr Ehemann plötzlich ganz deutlich eine sehr starke Präsenz wahr. Auf dem Hügel am Wegesrand stand eine ca. 15 m hohe Gelbkiefer. Laura fühlte sofort eine gewisse Verbundenheit zu dem Baum.

Sie beschreibt: »Es war nicht nur die Größe des Baumes, die mich anzog. Vielmehr war es die unglaublich weise Energie, die er ausstrahlte. Ich sagte meinem Mann, dass ich mich gerne eine Weile unter den Baum setzen würde.«

Dann nahm Laura eine Handlung vor, die sie »Verschmelzen mit dem Baumgeist« nennt. Zuerst umarmte sie den Stamm und bat den Baum um die Erlaubnis, ihren Geist mit dem seinen verschmelzen zu dürfen. Sie sagt dazu: »Ich habe festgestellt, dass man die meisten Bäume mehrere Male besuchen muss, bis sie zu dieser Form inniger Verbindung bereit sind. Doch dieser Baumgeist verhielt sich anders und war sofort einverstanden.«

Also setzte Laura sich zwischen zwei Wurzeln der Kiefer und lehnte sich mit dem Rücken gegen ihren Stamm. Während ihr eigener Geist

sich mit dem Geist des Baumes verband, empfing Laura Visionen von der Geschichte des Baumes. Sie nahm an, dass dieser innere Film in einer Zeit spielte, die 150 Jahre zurücklag, nach den Planwagen und der Kleidung der Menschen zu urteilen, die sie in der Vision zu Gesicht bekam.

Als der Baum ihr seine Erinnerungen mitgeteilt hatte, tauschten er und Laura einfach ihre Energien aus. Mit ihren eigenen Worten: »Dies ist ein sehr angenehmer Vorgang, und ich habe festgestellt, dass viele Bäume versuchen werden, Sie zu heilen, wenn Sie erschöpft sind oder Schmerzen haben.«

Seit jenem Tag hat Laura ihren Baumfreund regelmäßig besucht. Bei einem dieser Besuche empfing sie einen kontinuierlichen Bilderfluss von Kiefernzapfen, und wie sie diese Zapfen einsammelte und mit nach Hause nahm, was sie dann auch tat. Dabei hatte sie das Gefühl, als würde der Baum sie auslachen, und fragte sich, was das wohl zu bedeuten habe.

Ein paar Tage später fragte eine Freundin Laura, ob sie wüsste, wo sie eine große Menge Kiefernzapfen für ein paar Weihnachtsgeschenke auftreiben könnte, die sie basteln wollte. In diesem Moment verstand Laura die Botschaft, die sie von ihrem Baumfreund erhalten hatte. Sie hätte nicht nur *einen* Kiefernzapfen nehmen sollen. Kein Wunder, dass der Baum gelacht hatte!

Als sie am nächsten Tag wieder zu dem Baum ging, konnte sie seine Belustigung fühlen. Dieses Mal nahm Laura einen großen Beutel voller Kiefernzapfen mit nach Hause. Sie dankte dem Baum für sein großzügiges Geschenk, und bis zum heutigen Tag besucht sie ihn so oft sie nur kann.

In meinem Buch *Erwecke die Heilkraft der Göttin in dir* habe ich beschrieben, wie der Geist eines Banyanbaumes in Brisbane, Australien, mir während einer anstrengenden internationalen Vorlesungsreise geholfen hat. Es war der Tag, an dem ich mich auf einem Spaziergang durch den botanischen Garten in Brisbane völlig erschöpft und körperlich ausgepumpt fühlte. Ich hatte soeben eine anstrengende Tournee hinter mir, während der ich viele bis zum späten Abend dauernde Seminare geleitet und zahllose Flüge hinter mich gebracht hatte.

Ich fühlte mich von einem ganz bestimmten Banyanbaum angezogen. Er hatte auf den ersten Blick nichts Besonderes an sich – er war weder größer noch schöner als die anderen Bäume dieser Gattung, doch fühlte ich mich dazu aufgefordert, mich gegen seinen Stamm zu lehnen. Als Nächstes vernahm ich eine feine, jedoch klare Führung, die der Baum mir sandte. Sie forderte mich auf, mich mit dem ganzen Rücken gegen seinen Stamm zu lehnen. Bald fühlte ich, wie der Baum mir die Müdigkeit und die beginnende Erkältung aus dem Körper herauszog. Die Liebe, die ich während dieses Vorgangs spürte und die ihn begleitete, war unbeschreiblich. Als es vorüber war, trat ich einen Schritt zurück, fühlte mich rundum erfrischt und vollkommen wiederhergestellt. Ich dankte dem Baum für seine liebevolle, heilende Handlung.

Naturgeister

Genau wie jeder Baum hat auch jede einzelne Pflanze einen Geist und eine Seele. Sie können diese Gesichter in jedem Strauch und jeder Blume erkennen. Ein Grund, warum Feen so hervorragende Gärtner sind, besteht darin, dass sie diese Pflanzengeister achten und ehren. Sie können eine persönliche Beziehung zu den Pflanzen in Ihrem Garten herstellen, indem Sie zu ihnen sprechen, entweder im Inneren oder laut. Die Pflanzen hören Ihre Worte, und sie sind dankbar für jede Freundlichkeit, die Sie ihnen entgegenbringen, wie zum Beispiel ein ehrlich gemeintes Kompliment und liebevolle Pflege.

Wenn Sie Ihre Pflanzen fragen: »Was braucht ihr?«, werden sie Ihnen antworten. Schenken Sie der Antwort, die Sie in Ihrem Herzen, als Gefühl, Gedanken oder Bild empfangen, Glauben. Vielleicht hören Sie, dass die Pflanze Schutz vor grellem Sonnenlicht oder Ihrem begeistert Löcher grabenden Hund braucht. Oder die Pflanze bittet Sie um mehr Wasser oder Dünger. Als intuitiver Gärtner arbeiten Sie mit den Feen zusammen.

Kristalle und Steine

Kristalle verstärken und leiten Energie. Das ist der Grund, warum sie benutzt werden, um die Leistungsfähigkeit von Quarzuhren, Computern, Haartrocknern und anderen elektrischen Geräten zu verstärken. Daher überrascht es nicht, dass Kristalle, Steine und andere Mineralien Energie enthalten. Sie können Gesichter sowohl in Steinen als auch in der Maserung von Marmorplatten und Granit erkennen. Diese Gesichter sind die Seelen und Geister, die das Königreich der Mineralien bewohnen.

Man braucht ein mitfühlendes Herz und einen aufgeschlossenen Verstand, um sich mit den Naturgeistern zu verbinden. Menschen, die die Lebensenergie in der Natur verleugnen, sind oft diejenigen, die zur Misshandlung der Umwelt und von Tieren neigen. Sie wollen nicht anerkennen, dass der Geist in der Natur derselbe ist, der jeden Menschen beseelt. Daher erwarten Sie nicht, dass jeder Verständnis für Ihre Verbundenheit mit den Naturgeistern aufbringt. Ihre Beziehung zur Ebene der Elementarwesen kann eine ganz persönliche Erfahrung sein, die für andere nicht unbedingt nachvollziehbar ist. Genießen Sie den Zauber und teilen Sie ihn mit anderen empfindsamen und mitfühlenden Menschen, wann immer Sie sich dazu veranlasst fühlen.

Neuntes Kapitel

Blumenfeen und andere Elementarwesen

Genauso wie es auf der Ebene der Engel viele Arten von Engeln gibt, hat auch die Ebene der Elementarwesen viele verschiedene Mitglieder. Wie bereits angesprochen, bezieht sich der Begriff *Elementarwesen* auf die Geister, die über die Elemente Wasser, Luft, Erde und Feuer wachen.

Praktisch in jedem Volksglauben finden wir Märchen und Mythen über Elementargeister. Während allgemein angenommen wird, dass Feen keltischen Ursprungs seien, finden sie auch in der Kultur Griechenlands, Asiens, Afrikas, des Mittelmeerraums, Nordamerikas, des Pazifiks, Polynesiens, Skandinaviens und Deutschlands Erwähnung. Und es waren die deutschen Brüder Grimm, die mit ihrer Sammlung der »Kinder- und Hausmärchen« den mündlich überlieferten Geschichten, auch über Feen, zur Berühmtheit verholfen haben.

Hier sind einige der Elementarwesen, die Ihnen vielleicht begegnen werden und die Sie um Hilfe bitten können

Brownies (Heinzelmännchen)

Dies sind freundliche und hilfsbereite, flügellose Wesen, in der Regel männlich. Sie können einen Hausgeist bitten, bei Ihnen zu leben und Ihr Heim und seine Bewohner zu schützen, da er ein treuer Gefährte sein wird. Achten Sie darauf, jeden Abend Essen und Trinken für ihn bereitzustellen als Lohn für seine Arbeit als Hauswächter.

Devas

Auf Naturfotos erscheinen diese winzigen Wesen oft als leuchtende Kreise oder bunte Lichter. Devas helfen allen Lebewesen – Tieren und Menschen. Sie können Körper-Devas bei Gesundheits- und Schönheitsproblemen um Hilfe bitten, während die Wetter-Devas sich auf Ihren Wunsch hin um Regen, Lufttemperatur und Windverhältnisse kümmern.

Driaden

Dies ist ein anderer Begriff für Baumgeister oder Baumwesenheiten. Diese Wesen repräsentieren die Lebenskraft der Bäume.

Kobolde (Alben/Elben)

Bei ihnen handelt es sich um größere, flügellose, menschlich aussehende Elementarwesen, die sich unter anderem als ausgezeichnete Handwerker erweisen. Sie sind in der Regel sehr freundlich und hilfsbereit, obwohl »Elbentrupps« (jene, die in Gruppen mit anderen Elben unterwegs sind) als freundlicher gelten als allein lebende Kobolde. Bitten Sie diese Wesen um Hilfe beim Nähen, Stricken oder jedem anderen künstlerischen Vorhaben.

Blumenfeen

Wunderschöne winzige Feen, die den Blumen helfen zu wachsen. Wie andere Feen haben auch sie Schmetterlings- oder Libellenflügel.

Zwerge

Hierbei handelt es sich um ältlich aussehende männliche und weibliche Wesen, immer gut gelaunt, freundlich und hilfsbereit. Die männlichen Zwerge haben in der Regel einen langen Bart. Zwerge sind wunderbare Gärtner, und wenn Sie eine Zwergenfigur in Ihrem Garten aufstellen, werden Ihre Blumen und Pflanzen ganz besonders prächtig gedeihen.

Leprechauns (Wichtel)

Flügellose Elementarwesen, nicht größer als ein Kind, sind sie die ursprünglichen Bewohner Irlands, die sich während des Einfalls der Gallier in kleine Menschen verwandelten. In alter Zeit wurden sie die Túatha Dé Danaan (»Die Völker der Göttin Dana«) genannt. Sie sind gerne bereit, jemandem zu helfen, den sie achten, während sie anderen Leuten zuweilen Streiche spielen (jedoch niemals bösartig). Manche Menschen haben einen Leprechaun als persönlichen Geistführer an ihrer Seite. Da sie relativ groß und eine ähnliche Dichte wie die Erde haben, gehören Leprechauns zu den Elementarwesen, die Sie am ehesten mit Ihren physischen Augen sehen können, vor allem in Irland.

Menehune

Dies sind kleine, flügellose, wie Menschen aussehende Naturgeister, die in Polynesien und auf den hawaiischen Inseln leben.

Seejungfrauen, Wassermänner und Meeresmenschen

Im Meer und in Seen lebende Elementarwesen, deren Gesicht und Oberkörper menschliche Form haben, während ihr Unterleib aus dem Schwanz und Körper eines Fisches besteht. Weibliche Meeresmenschen werden »Seejungfrauen« genannt und die männlichen »Wassermänner«. Meeresmenschen helfen jedem, der das Meer und seine Bewohner mit Achtung behandelt.

Nymphen

Dies ist der griechische Name für wunderschöne weibliche Feen, die über das Wasser (Wassernymphen) und die Wälder (Waldnymphen) wachen. Aufgrund der besonderen Vorliebe der Elementarwesen für Feiern, Singen, Tanzen und Romantik werden Frauen mit ausgeprägtem sexuellem Appetit oft als »Nymphomanin« oder »Nymphen« bezeichnet.

Pixies (Elfen)

Dies sind sehr grazile, hochgewachsene, kurzhaarige geflügelte Elementarwesen, die es lieben, mittels ihres magischen »Elfenstaubs« Pflanzen und Blumen beim Wachsen zu helfen. Sie werden wissen, dass Elfen in Ihrem Garten waren, wenn Sie Spuren funkelnden Staubes entdecken.

Selkies

Wesen, die im Meer die Form eines Seehundes haben und an Land die einer Frau, werden vor allem in Schottland gesichtet. In Irland werden sie Roanes genannt. Selkies helfen den Fischern und Seeleuten.

Sidhé

Dieser Begriff aus dem Keltischen bezieht sich auf Elementarwesen.

Das Wort Sidhé kommt aus dem Sanskrit und bedeutete ursprünglich »Kräfte, die die Elemente beherrschen«. Heute versteht man darunter »das kleine Volk der Feenhügel«.

Sylphen

Winzige, zart geflügelte Wesen, die im Luftelement zu Hause sind und es beherrschen. Der Arzt Paracelsus beschrieb sie als Vermittler zwischen den physischen Wesen und der Luft. Bitten Sie die Sylphen, einen frischen Wind zu entfachen oder zu besänftigen.

Undinen

Dies ist der lateinische Begriff für Wassergeister (unda = Welle). Auch bei ihnen handelt es sich um winzige, zart geflügelte Wesen, die im Wasser leben und die Hüter dieses Elements sind. Sie können sie in den Schaumkronen der Wellen hören und spielen sehen.

Wassergeister (siehe Undinen)

Feenköniginnen und Feenkönige

Die Wesen, die über die Elementarwesen wachen, werden Feenköniginnen und Feenkönige genannt. Einige von ihnen sind so mächtig, dass sie als Göttinnen und Götter angesehen werden. Sie können diese wohlwollenden Hoheiten bitten, Ihnen bei einer bestimmten Situation zu helfen, auf die sie spezialisiert sind:

Áine

Sie ist eine irische Feenkönigin, die vor allem im Sommer ihre größte Kraft entfaltet und entsprechend geehrt wird. Áine ist eine mächtige und liebevolle Fruchtbarkeitsgöttin, die Sie bei Ihrem Garten, Ihren Beziehungen und allgemein bei Fülle um Hilfe bitten können.

Cordelia

Eine wunderschöne Blumenfeenkönigin, die im Frühling und Sommer über das Blühen der Blumen wacht. Sie können Cordelia bitten, dafür zu sorgen, dass Ihre Gartenblumen prächtig gedeihen.

Dakinis

Diese Elementarwesen, die hinduistischen Göttinnen und Göttern zur Seite stehen, helfen auch Menschen, die Yoga praktizieren. In Tibet sind diese Naturgeister als Khadomas bekannt.

Dana

Die irischen Ureinwohner verehrten Dana als ihre Muttergöttin und nannten sich »die Völker von Dana« oder die Túatha Dé Danaan. Als die Gallier davor standen in Irland einzufallen, fragten die Túatha Dana, ob sie flüchten oder kämpfen sollten. Sie gab ihnen eine dritte Möglichkeit zur Wahl, die sie annahmen: sich in kleine Menschen – Leprechauns – verwandeln zu lassen, damit sie friedlich neben den Galliern leben und in Irland bleiben konnten. Rufen Sie Dana herbei, wenn es darum geht, weise Lösungen, Einsichten, größere Macht, Fruchtbarkeit und Fülle zu erlangen.

Eichenkönig

Als Beschützer der Eichenbäume herrscht er im Frühling und Sommer über die Wälder und Haine. Wenden Sie sich an den Eichenkönig, damit er Ihnen bei einem neuen Vorhaben hilft und bei allem, was mit Wachstum, Erneuerung und Geburt zu tun hat (siehe auch *Stechpalmenkönig*).

Epona

Sie ist die keltische und römische Feenkönigin, die Pferde, Maultiere und Esel schützt, heilt und führt. Bitten Sie Epona um Hilfe bei allem, was mit Pferden oder Pferdekunde zu tun hat.

Finvarra

Der oberste irische König der Leprechauns und Túatha Dé Danaan ist der Gemahl von Oonagh. Wenden Sie sich an Finvarra, um eine engere Verbindung mit den Leprechauns herzustellen oder um Ihren eigenen Leprechaun-Geistführer zu bitten.

Flora

Wenden Sie sich an diese griechisch/römische Feengöttin des Frühlings, der Blumen und Fruchtbarkeit, wenn Sie ein Gartenfest planen oder einfach nur die Stimmung jedweder Art bei Gesellschaften anheben möchten.

Grüner Mann

Er wacht über Haine und Wälder und beschützt sie. Außerdem hilft er Bäumen, sich zu verbreiten und gesund heranzuwachsen. Auf Gemälden und Statuen wird er als das Antlitz eines Mannes dargestellt, das den Betrachter durch Eichenlaub hindurch anblickt.

Maeve

Sie ist eine mächtige, liebevolle Feenkönigin, die mit den Körper-Devas zusammenarbeitet, um Frauen bei Menstruationsschwierigkeiten, in den Wechseljahren und generell bei Problemen des weiblichen Körpers zu helfen.

Nemetona

Sie ist die Königin der Baumgeister, vor allem der Eichen und anderer heiliger Bäume. Bitten Sie Nemetona um Hilfe, wenn Sie Ihren Garten zu einem geweihten Tempel machen möchten, der zum Beten und Meditieren einlädt.

Oonagh

Sie und ihr Gemahl, König Finvarra, waren das ursprüngliche Herrscherpaar der Túatha Dé Danaan (siehe *Dana*). Da sie für ihr volles langes Haar bekannt ist, können Sie Oonagh bei Problemen mit Ihrem eigenen Haar um Hilfe bitten. Sie ist auch genau die Richtige, an die Sie sich wenden sollten, wenn Sie Hilfe beim Thema Monogamie und außereheliche Beziehungen benötigen, da Oonagh ihre eigenen Erfahrungen mit Ehebruch machen musste.

Pan

Halb Ziege und halb Mann, wacht dieser griechische Gott über die Wälder, Weiden, Hirten und Herden. Er ist ein Symbol der Heiterkeit, Verspieltheit und Fruchtbarkeit, wenn er auch im Laufe der Geschichte in Zeiten der Unterdrückung dämonisiert wurde.

Stechpalmenkönig

Als Beschützer der Stechpalmen herrscht er im Herbst und Winter über Haine und Wälder. Bitten Sie den Stechpalmenkönig um Hilfe, damit Sie sich besser ausruhen, nachdenken und zurückziehen können (siehe auch *Eichenkönig*).

Zehntes Kapitel

Kontaktaufnahme mit den Feen

Da Feen überall sind, können Sie jederzeit mit ihnen Kontakt aufnehmen. Jedoch können Sie die Feen am ehesten dort sehen, wo sie sich in der freien Natur zusammenfinden oder überall da, wo es viele Pflanzen und Tiere gibt. Je mehr Feen an einem solchen Ort wohnen, desto leichter kann man sie hören oder sehen.

Die Feen sind so wirklich wie Sie und ich, und sie lieben es, Ihnen zu helfen. Um die Verbindung mit ihnen aufzunehmen, müssen Sie sich zuerst für eine Frage oder Bitte entscheiden, die Sie an sie richten wollen. Formulieren Sie diese Bitte still oder laut gesprochen. Die Feen hören jede Frage und jede Bitte eines jeden Menschen, selbst von denjenigen, die noch nie zuvor mit Elementarwesen zusammengearbeitet haben.

Bevor die Feen antworten oder Ihnen helfen können, wollen sie zunächst einmal mehr über Ihr Verhältnis zur Umwelt und den Tieren wissen. Sie können die entsprechende Information unmittelbar aus der Aura ablesen, die Ihren Körper umgibt.

Die Feen bewerten Sie jedoch nicht, sondern schätzen lediglich ein, wie umweltfreundlich Ihre Einstellung, Glaubenssätze und Ihr Verhalten sind. Wenn sie glauben, dass diese verbesserungswürdig sind, werden die Feen Ihnen eine Aufgabe stellen. Sie könnten zum Beispiel den Drang verspüren, Ihren Müll zu recyceln oder beim Spaziergang in der Natur weggeworfenen Abfall einzusammeln. Wenn Sie diesem inneren Antrieb folgen, werden die Feen beginnen, Ihnen zu helfen und mit Ihnen zu arbeiten.

Solange Sie Ihr Bestes tun und die Umwelt und Tiere achtsam behandeln, werden die Feen alles tun, was sie können, um Ihnen zu helfen. Und denken Sie daran: Wenn die Feen Sie bitten, umweltschonende Reinigungsmittel zu kaufen, können Sie sie bitten, Ihnen zu helfen, das nötige Geld dafür zu bekommen!

Wie Sie Feen sehen können

Sie können die Gegenwart der Feen in der Nähe von Pflanzen und Tieren spüren. Feen strahlen immer eine Atmosphäre der Aufregung, Begeisterung, Verspieltheit und hohen Energie aus. Sie sind lebensfrohe und temperamentvolle Wesen.

Außerdem können Sie als Beweis für ihre Anwesenheit in Ihrem Garten ansehen, dass mehr Blumen blühen, mehr Schmetterlinge, Vögel und Libellen ihn bevölkern und die Bäume und Sträucher mehr Blätter tragen. Wenn die Feen erst einmal Vertrauen zu Ihnen gefasst haben, werden sie Ihnen die Gelegenheit geben, sie zu sehen. Zunächst nehmen Sie die Feen vielleicht nur vor Ihrem inneren Auge als winzige, funkelnde Lichter wahr, hin und her flitzende Glühwürmchen oder kleine menschliche Wesen mit Flügeln. Diese mentalen Visionen sind wirklichkeitsnahe und treffende Abbilder der Feen, doch ist es ein besonderes Erlebnis, sie mit eigenen Augen zu sehen. Erwachsenen ist es vorwiegend in der freien Natur möglich, die Feen leibhaftig zu sehen.

»Feenlichter« sind die Energiefelder, die die Feen umgeben. Es sind kleine funkelnde Lichter, die man in Wiesen, Gärten und Wäldern erleben kann. Diese Lichter bewegen sich auf ungewöhnliche Weise und stellen die einfachste Möglichkeit dar, wie Sie Feen mit Ihren eigenen physischen Augen sehen können.

Die achtzehnjährige Adrienne Gallaway und ihr Verlobter Travis gingen im »Garden of the Gods« (dtsch.: Garten der Götter) in Illinois spazieren. Dabei sammelten sie den herumliegenden Abfall ein und entschuldigten sich gleichzeitig bei den Feen und Pflanzen für die Nachlässigkeit der anderen Leute.

Die beiden nahmen schließlich auf einem abgelegenen, von Bäumen überschatteten Felsvorsprung Platz und ließen ihre Füße über dem Abgrund baumeln. Sie beobachteten, wie die Sonne langsam hinter dem Horizont verschwand und der volle Mond aufging. Die Luft war angenehm warm, und der Wald vibrierte vor Leben. Während sie so dasaßen, ganz hingerissen von der herrlichen Szenerie, die sich ihren Blicken bot, bemerkte Adrienne Lichtstreifen, die schnell an ihr vorbeihuschten. Zu ihrer Überraschung und Erleichterung bestätigte Travis aufgeregt, dass er diese Lichter ebenfalls gesehen hatte!

Adrienne erinnert sich: »Wir beide sprachen zueinander, wie überaus beschützt und gesegnet wir uns fühlten und dass wir nicht die geringste Furcht vor den Lichtern hatten. Wir saßen eine Weile ganz still da und

beobachteten die Feen, wie sie um uns herumflogen. Als wir später unseren Weg fortsetzten, empfand ich tiefen Frieden und große Freude zugleich. Ich war so euphorisch, dass ich am liebsten in den Wald hineingelaufen wäre und tanzen wollte. Je weiter wir gingen, desto größer wurde dieses Verlangen, im Wald herumzutollen, zu tanzen und das Leben zu feiern.

Auf dem Parkplatz blieben wir lange Zeit neben unserem Auto stehen und blickten schweigend in den Wald, und keiner von uns wollte diesen wunderbaren Ort so schnell verlassen. Hin und wieder hörten wir um uns herum kräftiges Flügelschlagen. Als ich meinen Blick in die Ferne richtete, sah ich noch immer diese weißen Lichtgestalten, die zwischen den schlanken Bäumen auf dem Felsvorsprung tanzten. Bis jetzt habe ich kein vergleichbares Erlebnis gehabt, das so intensiv und eindrucksvoll war wie an jenem Abend, und noch heute fühle ich mich gesegnet durch das, was mir damals zu schauen gewährt worden ist.«

Die Tatsache, dass Travis und Adrienne beide zugleich die Feenlichter gesehen haben, macht ihr Erlebnis noch glaubwürdiger. Jeder der beiden zögerte zunächst, dem anderen gegenüber zuzugeben, was er gesehen hatte. Sobald sie aber herausfanden, dass der andere die Feenlichter auch sehen konnte, vertiefte diese Bestätigung das Erlebte.

Auch Beverly Haupt sah eines Abends ein Feenlicht:

An einem kühlen Abend im Februar war Beverly in einer sehr entspannten und friedlichen Stimmung, als sie aus ihrem Schlafzimmerfenster heraus den Nachthimmel betrachtete. Aus dem Augenwinkel heraus bemerkte sie ein kleines goldenes Licht. Sie dachte: *Was für ein hübsches Glutstückchen, das aus dem Kamin in die Nacht hinausschwebt.*

Beverly beobachtete weiter den hellen Funken, wie er sich drehte, dahinglitt und sich auf sehr ungewöhnliche Weise fortbewegte. Sie dachte: *Es sieht fast so aus, als könnte der Funke seine Bewegung lenken.* Das war der Moment, als ihr einfiel, dass sie an diesem Abend gar kein Feuer in ihrem Kamin gemacht hatte!

Der Funke tanzte immer noch durch die Luft. Er schoss im Sturzflug nach unten, schwebte auf das Fenster zu und glitt in einer vollendeten Gerade die drei Meter lange Glasfront hinauf. Beverly sagt: »Es war, als ob der Funke in mein Fenster spähte!«

Als das Glutstückchen direkt auf der Höhe von Beverly ankam, hielt es inne und schwebte, in einem wunderschönen Goldton schimmernd, ruhig in der Luft. Beverly entschied, dass es sich um ein ungewöhnlich großes Glühwürmchen handeln müsse, daher ging sie zum Fenster, um es zu schließen. Wie überrascht war sie, als sie wahrnahm, wie das Licht mit der gleichen rudernden Bewegung, die ein Unterwasserlebewesen machen würde, wegschwamm, bis es in einer anderen Dimension verschwand.

Beverly resümmiert: »In diesem Moment bestand kein Zweifel mehr, dass ich eine Fee gesehen hatte! Ich denke oft mit großer Freude und Dankbarkeit an dieses Erlebnis zurück. In meinem Inneren weiß ich, dass ich eine Feenfreundin gefunden habe.«

Seitdem zünden Beverly und ihre dreijährige Tochter Wendy jeden Abend eine Kerze an und stellen ein Schälchen Milch mit Honig für die Feen in den Garten.

Bitten Sie die Feen, Ihnen dabei zu helfen, sie sehen zu können. Dann öffnen Sie Ihr Herz und trauen Sie Ihrer Wahrnehmung. Die Lichter stellen eine wunderbare Möglichkeit dar, Ihre Augen daran zu gewöhnen, feine Energieformen wie beispielsweise Auren zu sehen. Wenn Sie Feenlichter wahrnehmen, bilden Sie damit spirituelle »Muskeln«, um die Feen später mit Ihren physischen Augen erblicken zu können. Diese Entwicklung hängt im Übrigen von Ihrer klaren Entscheidung ab, die Feen wirklich sehen zu wollen, ohne irgendwelche Ängste oder Zweifel.

Angela Hartfield war in der Lage, während ihres Irlandaufenthalts Feen zu sehen, nachdem sie den festen Entschluss dazu gefasst hatte:

Angela und ihr Ehemann Duke erblickten im Jahr 2003 bei einem Besuch in Glendalough Park in der Nähe von Dublin Feen mit ihren physischen Augen. Ein paar Einheimische hatten dem Ehepaar erklärt, dass sich die Feen sichtbar machen würden, wenn jemand sie sehen wollte. Außerdem gaben sie den beiden den Rat, still auf die Musik der Feen zu lauschen.

Obgleich Angela schon früher Feen vor ihrem inneren Auge wahrgenommen hatte, wollte sie sie endlich mit ihren physischen Augen sehen. Also nahm sie sich auf der Fahrt nach Glendalough vor, dass es ihr diesmal gelingen würde. In ihrem Inneren wusste sie, dass sie an diesem Tag die Feen zu Gesicht bekommen würde. Schließlich hatte sie gehört, dass der Park ein Heiligtum der Feen war und es dort viele Elementarwesen gab.

Sobald sie in Glendalough angekommen waren, konnte Angela die mystische Ausstrahlung des Ortes fühlen. Ihre irische Freundin Fiona zeigte auf einen Busch und sagte: »Schau dir nur diesen Busch an. Er ist regelrecht von Feen bedeckt!« Angela konnte vor ihrem inneren Auge Dutzende von Feen sehen, allerdings nicht als greifbare Wesen.

Also bat Angela die Feen erneut, sich ihr zu zeigen. Immer wieder erhielt sie die innere Botschaft, sich ein bisschen zu gedulden, während die Feen ihr Energiefeld prüften. Also ließ sie ihren starken Wunsch los, die Feen unbedingt sehen zu wollen, und entspannte sich einfach, während sie mit Duke durch den Park wanderte.

Duke genoss den Spaziergang und war angetan von der Schönheit, die ihn umgab. Er wandte sich Angela zu: »Siehst du die Libelle dort? Ich glaube, das ist die größte, die ich jemals gesehen habe! Ihr Körper hat so eine eigenartige Farbe.«

Angela schaute in die Richtung, in die ihr Mann zeigte, und begann, diese ungewöhnlich große Libelle näher zu betrachten. Plötzlich machte sie vor Begeisterung beinahe einen Luftsprung und rief aus: »Duke, das ist keine Libelle. Schau dir doch nur den Körper an. Da sind ja zwei Beine dran. Du hast gerade die Feen entdeckt!« Dann wanderte ihr Blick weiter an Dukes Kopf vorbei, und sie erkannte Hunderte von diesen anmutigen Wesen. Und wie bezaubernd schön sie waren!

Angela fährt fort: »Die Feen ließen uns wissen, dass jedem von uns zum genau richtigen Zeitpunkt, nämlich wenn er am empfänglichsten dafür ist, die ihm bestimmte Magie enthüllt wird. Wir standen einfach nur da und erfreuten uns am Anblick dieser zauberhaften Wesen. Als sich andere Spaziergänger näherten, schlüpften die Feen lautlos in ihre ätherischen Körper zurück. Ich konnte sie immer noch vor meinem inneren Auge tanzen sehen und fühlte mich durch die Gabe gesegnet, sie nun leibhaftig sehen zu können.«

Fotografien von Feen

Eine andere Möglichkeit, Feen sehen zu können, besteht darin, in der freien Natur Fotos zu machen. Während Sie fotografieren, bitten Sie die Feen, sich Ihnen zu zeigen. Viele Menschen haben mir Fotos gezeigt, auf denen man erkennen konnte, wie Lichtkreise über einer Wiese oder einem Feld schwebten. Dabei handelt es sich um Feenlichter, die mit der Kamera eingefangen wurden.

Manchmal kann man sogar die richtige Gestalt einer Fee oder eines anderen Elementarwesens auf dem Foto erkennen. In der Regel sieht der Fotograf diese Lichter oder Bilder nicht durch den Sucher, während er auf den Auslöser drückt. Erst nachdem der Film entwickelt ist, werden die Elementarwesen auf dem Foto sichtbar.

Reverend Pomai'ika Coulon aus Kapa'au, Hawaii, entdeckte auf einem Foto eine *Menehune* (ein hawaiisches Elementarwesen), das sie nach einer Opfergabe für die Naturgeister aufgenommen hatte:

Pomai'ika fühlte sich gesegnet durch all das Gute, was sie den Naturgeistern Hawaiis zu verdanken hatte. Sie wollte dem Land, das sie durch ihren Heilungsprozess begleitet hatte, etwas zurückgeben. So beschloss sie, den Menehune-Naturgeistern – den Ureinwohnern der Inseln, auch als »kleines Volk« bekannt – eine Opfergabe darzubringen. Ihr Geschenk an sie sollte eine *Ipu Heke* sein, eine doppelte Kürbistrommel, die sie liebevoll in wochenlanger Kleinarbeit angefertigt hatte.

Am Tag der Opferhandlung stieg Pomai'ika einen Hügel hinunter zu dem Fluss, der ihr Grundstück durchquert, und blieb vor einer alten hawaiischen Farm stehen. Zu ihrer Rechten standen mehrere ausladende Banyanbäume. Als Pomai'ika sich den Bäumen näherte, fiel ihr auf, dass sie einen Kreis bildeten. Durch eine Lücke trat sie in diesen Baumkreis ein und begann, einen Singsang anzustimmen und zu beten. Als sie sich umblickte, sah sie zu ihrer Linken einen weiteren kleineren Kreis von Bäumen.

Pomai'ika trat in diesen Kreis ein und wusste intuitiv, dass sie ihre Opfergabe hier lassen würde. Sie legte ihre Trommel mit großer Sorgfalt und ein bisschen Wehmut unter die Bäume in den Schatten. Sie setzte ihren Gesang fort und betete weiter, bevor sie sich bedankte und Anstalten traf, den Kreis der Bäume wieder zu verlassen, als sie sich ein letztes Mal umdrehte und ein Foto von ihrer Trommel machte.

Sie erinnert sich: »Als ich durch den Sucher meiner Kamera schaute, dachte ich, dass irgendetwas nicht in Ordnung mit ihr wäre, da die Far-

Pomai'ikas Opfergabe einer selbst gemachten Kürbistrommel

Eine Menehune nimmt die Opfergabe an.

ben alle bräunlich wirkten und nicht so leuchtend waren wie sonst. Ich prüfte alle Einstellungen des Fotoapparats, aber alles stimmte. Also machte ich noch ein Foto, um sicherzugehen, dass ich wenigstens *ein* gutes haben würde. Ich verließ den Banyan-Kreis und war gerade dabei, den Fluss wieder zu passieren, als mein Blick auf das zweite Foto fiel. Bilder sagen mehr als tausend Worte. Menehunes gibt es wirklich!«

Die Feen und andere Elementarwesen machen sich durch Fotografien und Visionen sichtbar. Die Feen wissen, dass Sehen gleich Glauben ist. Unser Glaube an die Feen sowie unsere Verbindung mit ihnen verleiht ihnen Macht und Stärke. Und je mehr Macht die Feen haben, desto besser können sie die Umwelt und die Tiere heilen und schützen. Und das ist eine gute Nachricht für uns alle.

Zehn Möglichkeiten, wie Sie die Feen erfreuen können

Im Vergleich zum Menschen sind die Feen ziemlich unkomplizierte Wesen. Sie möchten friedlich mit uns zusammenleben, und wenn Sie die Verbindung mit ihnen suchen, werden die Feen sich ihrerseits mit Ihnen in Verbindung setzen. Hier sind einige Dinge, die den Feen wichtig sind und Ihnen die Möglichkeit geben, Ihren Wunsch auszudrücken, sich mit ihnen zu verbinden und bereit dafür zu sein, diesen magischen Wesen bei ihrer weltweiten Mission zu helfen.

1. Ihr Vogelhaus soll immer ausreichend Futter und Wasser haben.

2. Die Feen lieben Süßes. Legen Sie daher Süßigkeiten, vor allem Schokolade, in den Garten, um ihnen eine Freude zu machen. Bitte die Süßigkeiten immer vorher auspacken.

3. Pflanzen Sie glockenförmige Blumen in Ihren Garten.

4. Wechseln Sie zu umweltfreundlicher Seife, Shampoo und Reinigungsmitteln, die man in jedem Reformhaus erhält.

5. Stellen Sie Ihre Ernährung auf vegetarische Kost um oder kaufen Sie nur Fleisch und tierische Produkte aus artgerechter und biologisch-dynamischer Tierhaltung.

6. Spenden Sie einen Teil Ihrer Zeit oder Geld an Wohltätigkeitsvereine, die sich für die Umwelt oder die Rechte von Tieren einsetzen.

7. Stellen Sie kleine Figuren von Feen oder Zwergen in Ihren Garten.

8. Hängen Sie Kristalle in Ihre Bäume und legen Sie welche oder andere glitzernde Gegenstände in Ihren Garten.

9. Warnen Sie die Feen, bevor Sie den Rasen mähen. Verwenden Sie keine Schädlingsbekämpfungsmittel und freuen Sie sich, wenn Sie Gift- und andere Pilze in Ihrem Garten entdecken, da es ein Hinweis darauf ist, dass die Feen sich dort niedergelassen haben.

10. Nutzen Sie Ihren Garten als Ort der Entspannung, besonders bei schöner Musik im Hintergrund.

Elftes Kapitel

Häufig gestellte Fragen zu den Feen

So viele Mythen ranken sich um Feen und die anderen Elementarwesen, dass es oft falsche Annahmen und geteilte Ansichten darüber gibt, wer sie sind und was sie tun.

Hier ist eine Auswahl an Fragen, die mir immer wieder zu den Feen gestellt werden, und die Antworten, die ich durch meine Erfahrungen und Begegnungen mit der Ebene der Elementarwesen empfangen habe:

Frage: *Sind Feen hinterlistige Frechdachse, die gern ihren Schabernack mit den Menschen treiben?*
Antwort: Feen besitzen, genau wie wir Menschen und andere Erdenbewohner, ein Ego. Das bedeutet, dass sie nicht jeden automatisch bedingungslos lieben, wie es die Engel tun. Feen sind im Grunde genommen

sehr liebevolle Wesen, doch sind ihnen Personen lieber, die die Umwelt und Tiere mit Respekt behandeln.

Da Feen manchmal denen Streiche spielen, die die Natur oder Tiere schlecht behandeln, sagte man, sie seien durchtrieben. Da dieses Verhalten mehrfach im Verlauf unserer kulturellen und religiösen Geschichte getadelt worden ist, sind sie in diese Ecke gestellt worden.

Frage: *Gibt es Feen wirklich oder sind sie Fantasiegeschöpfe?*
Antwort: Die Feen sind so wirklich wie Sie und ich. Sie sind genauso real wie die Engel. Doch nur Menschen, die fest daran glauben, allgemein aufgeschlossen oder reinen Herzens sind, können sie fühlen oder sehen. Feen sind sehr scheue und empfindsame Wesen, die sich vor einer rauen Umgebung oder rohen Menschen verbergen.

Auch ein bestimmter Kulturkreis hat einen Einfluss darauf, ob Menschen die Feen anerkennen oder nicht. Im Vereinigten Königreich (vor allem in Irland und Schottland), Australien, Polynesien und anderen Ländern ist der Glaube an Feen und Elementarwesen weit verbreitet. Die Einwohner der Länder, in denen Umwelt und Tiere mit größtem Respekt behandelt werden, neigen auch dazu, besonders stark an Feen zu glauben.

Frage: *Wo kann ich Feen antreffen?*
Antwort: Feen leben überall dort, wo es Pflanzen und Tiere gibt, also auch in der Nähe von Zimmerpflanzen und Haustieren. Ganz besonders lieben sie jedoch die freie Natur. Gespritzte oder akkurat gestutzte Gärten mögen sie hingegen gar nicht.

Frage: *Eine Hellseherin hat mir einmal eröffnet, dass sie Feen um mich herum sieht. Was bedeutet das?*
Antwort: Manche Menschen haben Feen als Geistführer. Feen halten sich gern in der Nähe von Personen auf, deren Lebensaufgabe etwas mit Umweltschutz oder Tieren zu tun hat. Sie können die Feen um Führung bitten, wenn Sie wissen möchten, wie Sie sich für die Natur einsetzen können. Darüber hinaus helfen uns die Feen, die Dinge gelassener zu sehen, heiterer und verspielter zu sein.

Frage: *Sind Feen gefallene Engel?*
Antwort: Gott hat die Feen als Naturengel erschaffen. Sie sind Wesen reinen göttlichen Lichtes und der Liebe, denen die wichtige Aufgabe übertragen wurde, die Umwelt und die Tiere zu heilen und zu schützen. Wie die Menschen haben auch die Feen ein Ego. Daher ist ihre

Liebe nicht so bedingungslos wie die der Engel. Dennoch sind Feen freundlich und gerecht.

Frage: *Kann man Feen vertrauen? Fügen sie den Menschen jemals Schaden zu?*
Antwort: Sie erlangen den Respekt der Feen, indem Sie Mutter Erde Freundlichkeit und Achtung entgegenbringen. Recycling, die Verwendung umweltschonender Reinigungsmittel und die Teilnahme an Umweltschutzaktivitäten sind nur einige der Verhaltensweisen, die Feen von einem Menschen erwarten, mit dem sie möglicherweise Freundschaft schließen wollen. Wenn Sie sich erst einmal den Respekt der Feen verschafft haben, werden sie alles für Sie geben.

Feen fügen Menschen keinen Schaden zu, jedoch können sie denen, die sie als rücksichtslos im Umgang mit der Umwelt oder den Tieren ansehen, ein paar Streiche spielen. Manchmal treiben sie aber auch aus Neckerei ihr kleines Spiel mit Personen, die sie lieben, indem sie zum Beispiel vorübergehend einen Gegenstand verstecken.

Frage: *Können Feen zu Menschen werden oder umgekehrt?*
Antwort: Manche Menschen, die aussehen wie Feen, Zwerge, Lepre-

chauns, Seejungfrauen und Elfen, sind Elementarseelen, die sich für ein Leben als Mensch entschieden haben, damit sie der Umwelt und den Tieren besonders wirkungsvoll helfen können. Ich habe über dieses Thema ausführlicher in meinen Büchern *Die Heilkraft der Feen*, *Engel der Erde* und *Erwecke die Heilkraft der Göttin in dir* geschrieben.

Frage: *Ist es wahr, dass Feen oder Leprechauns uns einen Topf voll Gold bringen können?*
Antwort: Viele Menschen (auch diejenigen aus einigen Geschichten in diesem Buch) berichten, dass die Elementarwesen ihnen in finanzieller Hinsicht geholfen haben. Obwohl die Feen und Leprechauns in der Regel keine echten »Töpfe voll Gold« bringen, lassen sie Menschen Gutes zukommen, die ihnen besonders nahestehen. Dies ist einer der vielen Gründe dafür, sich mit den Feen anzufreunden.

Die CD zu diesem Buch

Auf der beliegenden CD finden Sie einen einfachen Kurs zu allem, was Sie wissen müssen, wenn Sie mit den Feen Kontakt aufnehmen wollen. Diese CD wurde zu diesem Buch zusammengestellt und aufgenommen. Sie enthält meditative entspannende Wege zu Ihren persönlichen Feen und kann Ihnen helfen, mit den Feen Ihr Leben neu zu gestalten.

Deutsche Sprecherin: Marina Marosch, aufgenommen im DownHill Studio, München. Regie und deutsche Bearbeitung: afpmunich

Über die Autorin

Doreen Virtue ist Metaphysikerin der vierten Generation und unter anderen Autorin der Bücher *Die Heilkraft der Engel* und *Die Heilkraft der Feen* sowie der dazugehörigen Orakelkarten; *Erzengel und wie man sie ruft* und *Das Heilgeheimnis der Engel.* Ihre Werke sind in viele Sprachen übersetzt und weltweit erhältlich.

Ihr ganzes Leben lang hellsichtig begabt, arbeitet Doreen mit der Ebene der Engel, Elementarwesen und aufgestiegenen Meister. Sie hat einen Ph.D., M. A. und B. A. in beratender Psychologie und hat jahrelang psychiatrische Abteilungen in verschiedenen Kliniken geleitet.

In den USA ist Doreen gern gesehener Gast bei *Oprah, CNN, The View* und anderen TV- und Radiosendungen. Für weitere Informationen über Doreen und die von ihr weltweit geleiteten Seminare oder um ihren kostenlosen E-Mail-Newsletter über Engelsbotschaften zu bestellen, ihr »Schwarzes Brett« abzurufen oder Ihre eigenen Geschichten über Engelheilungen einzureichen, gehen Sie bitte auf ihre Website www.AngelTherapy.com.

Von Doreen Virtue sind bei Allegria die folgenden Bücher, CDs und Kartendecks erschienen:

Medizin der Engel (Allegria)
Erzengel und wie man sie ruft (Allegria)
Botschaft der Engel (Allegria)
Chakra Clearing (Allegria)
Engel-Notruf (Allegria)
Feen-Notruf (Allegria)
Der Tempel der Engel (Allegria)

Engel-Hilfe für jeden Tag
Die neuen Engel der Erde
Das Heilgeheimnis der Engel
Die Heilkraft der Engel
Die Zahlen der Engel
Die Heilkraft der Feen
Engel-Gespräche
Neue Engel-Gespräche
Engel der Erde
Dein Leben im Licht
Zeit-Therapie
Kristall-Therapie

Medizin der Engel (CD)
Die Engel von Atlantis (CD)
Die Engel der Liebe (CD)
Heilkraft der Engel (CD)
Himmlische Helfer (CD)
Heilgeheimnis der Engel (CD)
Die Botschaft der Erzengel (CD)
Engel der Erde (CD)

Das Engel-Orakel für jeden Tag (Kartendeck)
Das Erzengel-Orakel (Kartendeck)
Das Heil-Orakel der Engel (Kartendeck)
Das Orakel der himmlischen Helfer (Kartendeck)
Das Einhorn-Orakel (Kartendeck)
Das Heil-Orakel der Feen (Kartendeck)
Das magische Orakel der Feen (Kartendeck)

Angel Reading – Wie man das Engel-Orakel legt (DVD)

Über den Illustrator

Howard David Johnson ist ein naturwissenschaftlich und geschichtlich bewanderter Maler und Zeichner. Er arbeitet mit vielen verschiedenen Techniken, von traditioneller Ölmalerei bis zu digitalen Programmen. Seine Kunstwerke wurden 1996 unter anderen im British Museum in London und im Metropolitan Museum of Art ausgestellt. Seine Bilder sind sowohl in jeder großen Buchhandlung in den USA als auch in Magazinen und Schulbüchern weltweit erschienen. Als Illustrator hat er nicht einfach nur den Computer benutzt, sondern war an der Entwicklung und dem Verkauf der Software Adobe Photoshop beteiligt.

Bitte besuchen Sie ihn auf seiner Website:
www.howardddavidjohnson.com

Übersicht

Elementarwesen

Übersicht
Feenköniginnen und Feenkönige

Allegria

Feen, Elfen und Naturgeister – eine Bilderwelt, die jeden verzaubert

DOREEN VIRTUE
Das magische Orakel der Feen
44 Karten mit Anleitung
€ [D] 19,95 / € [A] 20,60 / sFr 35,90
ISBN 978-3-7934-2131-3

Ein neues Orakel-Deck, das verzaubert und in die magische Welt der Feen entführt. Blumenelfen und Naturgeister helfen den Fragenden, auf ihre Lebensprobleme die richtige Antwort zu finden.